1+X 职业技术 · 职业资格培训教材

物流师（仓储配送）

三级

理论基础篇

主　编　孙红菊
副主编　李俊峰
编　者　王晓亮　汝知骏　王玉春
主　审　詹　宏

中国劳动社会保障出版社

图书在版编目(CIP)数据

物流师（仓储配送）三级. 理论基础篇/上海市职业培训研究发展中心组织编写. —北京：中国劳动社会保障出版社，2012

1+X职业技术·职业资格培训教材

ISBN 978-7-5045-9566-9

Ⅰ.①物…　Ⅱ.①上…　Ⅲ.①物流-物资管理-技术培训-教材　Ⅳ.①F252

中国版本图书馆CIP数据核字(2012)第037721号

中国劳动社会保障出版社出版发行

（北京市惠新东街1号　邮政编码：100029）

出 版 人：张梦欣

*

北京市艺辉印刷有限公司印刷装订　新华书店经销

787毫米×1092毫米　16开本　11印张　205千字

2012年4月第1版　　2012年4月第1次印刷

定价：23.00元

读者服务部电话：010-64929211/64921644/84643933

发行部电话：010-64961894

出版社网址：http://www.class.com.cn

内 容 简 介

本教材由人力资源和社会保障部教材办公室、中国就业培训技术指导中心上海分中心、上海市职业培训研究发展中心依据上海 1+X 物流师（仓储配送）（三级）职业技能鉴定细目组织编写。教材从强化培养操作技能，掌握实用技术的角度出发，较好地体现了当前最新的实用知识与操作技术，对于提高从业人员基本素质，掌握高级物流师（仓储配送）的核心知识有直接的帮助和指导作用。

本教材在编写中根据本职业的工作特点，以能力培养为根本出发点，采用模块化的编写方式。全书共分为 3 章，内容包括：物流基础、仓储作业管理和配送作业管理。

本教材可作为物流师（仓储配送）（三级）职业技能培训与鉴定考核教材，也可供全国中、高等职业技术院校相关专业师生参考使用，以及本职业从业人员培训使用。

前　言

职业培训制度的积极推进，尤其是职业资格证书制度的推行，为广大劳动者系统地学习相关职业的知识和技能，提高就业能力、工作能力和职业转换能力提供了可能，同时也为企业选择适应生产需要的合格劳动者提供了依据。

随着我国科学技术的飞速发展和产业结构的不断调整，各种新兴职业应运而生，传统职业中也越来越多、越来越快地融进了各种新知识、新技术和新工艺。因此，加快培养合格的、适应现代化建设要求的高技能人才就显得尤为迫切。近年来，上海市在加快高技能人才建设方面进行了有益的探索，积累了丰富而宝贵的经验。为优化人力资源结构，加快高技能人才队伍建设，上海市人力资源和社会保障局在提升职业标准、完善技能鉴定方面作了积极的探索和尝试，推出了 1＋X 培训与鉴定模式。1＋X 中的 1 代表国家职业标准，X 是为适应上海市经济发展的需要，对职业的部分知识和技能要求进行的扩充和更新。随着经济发展和技术进步，X 将不断被赋予新的内涵，不断得到深化和提升。

上海市 1＋X 培训与鉴定模式，得到了国家人力资源和社会保障部的支持和肯定。为配合上海市开展的 1＋X 培训与鉴定的需要，人力资源和社会保障部教材办公室、中国就业培训技术指导中心上海分中心、上海市职业培训研究发展中心联合组织有关方面的专家、技术人员共同编写了职业技术・职业资格培训系列教材。

职业技术・职业资格培训教材严格按照 1＋X 鉴定考核细目进行编写，教材内容充分反映了当前从事职业活动所需要的核心知识与技能，较好地体现了适用性、先进性与前瞻性。聘请编写 1＋X 鉴定考核细目的专家以及相关行业的专家参与教材的编审工作，保证了教材内容的科学性及与鉴定考核细目以及题库的紧密衔接。

职业技术・职业资格培训教材突出了适应职业技能培训的特色，使读者通过学习与培训，不仅有助于通过鉴定考核，而且能够有针对性地进行系统学习，真正掌握本职业的核心技术与操作技能，从而实现从懂得了什么到会做什么的飞跃。

职业技术·职业资格培训教材立足于国家职业标准，也可为全国其他省市开展新职业、新技术职业培训和鉴定考核以及高技能人才培养提供借鉴或参考。

新教材的编写是一项探索性工作，由于时间紧迫，不足之处在所难免，欢迎各使用单位及个人对教材提出宝贵意见和建议，以便教材修订时补充更正。

本教材在编写过程中，得到了上海市景观学会虚拟景观设计制作专业委员会、上海工程技术大学中韩多媒体学院、上海工艺美术职业学院的大力支持，在此一并表示衷心的感谢！

人力资源和社会保障部教材办公室
中国就业培训技术指导中心上海分中心
上海市职业培训研究发展中心

目　录

第 1 章

物流基础

第 1 节　物流与物流系统

学习目标

➢掌握物流基本概念、发展历程与趋势

➢掌握物流学说和理论

➢掌握物流系统概述，物流系统要素、体系及分类的相关知识

一、物流概述

1. 物流基本概念与特点

（1）物流的基本概念。物流（Logistics）的英文原意是军事后勤保障，1905 年美国少校琼西·贝克在《军队和军需品运输》一书中称“战争艺术的那个与军备移动与供应相关的分支就叫‘物流’”。

在第二次世界大战中，美军及其盟军在军事人员部署与调动、军事物资、装备的制造、供应、战前配置与调运、战中补给与养护等军事后勤活动中，积累了大量军事后勤保障经验，形成了相应的理论。这些理论与方法在战后被很多国家运用到了民用领域，促进了 20 世纪六七十年代世界经济的发展，也促进了物流学理论的形成与发展。

目前世界上对物流的定义尚未统一，下面列举几个比较有代表性的物流定义：

1986 年，美国物流管理协会将物流定义为：“所谓物流，就是为了满足顾客需要而（对原材料、半成品、成品及其相关信息从产地到消费地有效率或有效益地移动和保管）进行计划、实施、统管的过程。这些活动包括但不局限于顾客服务、搬运及运输、仓库保管、工厂和仓库选址、库存管理、接受订货、流通信息、采购、装卸、零件供应并提供服务、废弃物回收处理、包装、退货业务、需求预测等。”

1981 年，日本综合研究所编著的《物流手册》对“物流”的表述是：“物质资料从供给者向需要者的物理性移动，是创造时间性、场所性价值的经济活动。从物流的范畴来看，包括：包装、装卸、保管、库存管理、流通加工、运输、配送等诸种活动。”

2006 年我国正式颁布《物流术语》，将物流定义为：“物品从供应地向接收地的实体流动过程。根据实际需要，将运输、储存、装卸、搬运、包装、流通加工、配送、回收、信息处理等基本功能实现有机结合。”

从物流的定义可以知道，通过运输、储存、装卸、搬运、包装、流通加工、配送、回收、信息处理等基本功能，物流活动可以实现物品包括空间和时间的位置移动以及形态性质的变动，即创造物品的空间、时间和形态性质三个方面的效用。

(2) 物流的特点。根据物流定义，物流具有以下特点：

1) 本身不创造物品的使用价值，但创造价值。也就是说，虽然物流活动并不生产产品，但它具有生产性，要耗用一定的人力、物力和财力，因此需要支付必需的费用。正如马克思所说“在一定程度上加入商品价值，使商品变贵”，即物流活动创造了商品的价值。

2) 活动具有服务性。物流的目的是及时、准确、保质、保量、安全、可靠地满足消费者对物质资料的需要。物流的本质具有服务性，也是一种商品，可以买卖。

3) 流通过程中，物流与商流既相互区别又有联系。表现在：商流是商品所有权的转移，是观念上的流通，物流是商品物质实体的转移，是实际的流通；物流是因商流而产生的，即商流是物流产生的前提；物流又是商流的基础，物流的深度和广度制约着商流发挥作用的范围和程度。

2. 物流的发展历程

物流的发展不仅与社会经济和生产力的发展水平有关，同时也与科学技术发展的水平有关。因此，物流的发展史也反映了物流技术的发展过程。

(1) 从技术的角度来看，物流的发展经历了六个阶段

1) 人工物流阶段（19 世纪中叶以前）。人类自有文明以来，物流一直是世界的一个重要组成部分。初始的物流是从人们的举、拉、推和计数等人工操作开始的。即使是在今天，人工物流仍存在于几乎所有的系统当中。

2) 机械物流阶段（19 世纪中叶至 20 世纪 30 年代初）。由于机械设备的引入，人类的能力和活动范围都扩大了。机械能让人们举起、移动和放下更重的物体，速度也更快；机械扩大了人们的活动范围，使物料堆得更高，商品流动范围更广。从 19 世纪中叶到 20 世纪 30 年代初，这种机械系统一直起主导作用。同时，它在当今的许多物流系统中也仍是主要的组成部分。

3) 自动化物流阶段（20 世纪 30 年代至 20 世纪 80 年代）。自动化物流阶段的主要标志是自动化物流设备，如自动存取系统（Automated Storage/Retrieve System，AS/RS）、自动导引车（Automated Guided Vehicle，AGV）、堆垛机（Stacker Crane）、电子扫描和条形码，以及物流计算机管理与控制系统的出现。采用机器人堆垛物料和包装、监视物流过程及执行某些过程，采用自动输送机系统提供物料和工具的搬运，加快了运输速度，大大提高了物流效率。

4) 集成化物流阶段（20 世纪 80 年代至 20 世纪 90 年代）。伴随着物流的自动化、信

息化和集成化，物流作业过程中有大量的运筹和决策问题，如库存水平的确定、运输路径的选择、自动导向车的运行轨迹和作业控制、物流配送中心经营管理的决策支持等问题都需要借助于大量的知识才能解决。目前，专家系统、机器人等人工智能技术在国际上已经有比较成熟的研究成果，将这些相关技术集成到物流系统中，大大地提高了物流系统的智能化水平。

5）智能化物流阶段（20 世纪 90 年代初至 21 世纪初）。在生产计划做出后，自动生成物料和人力需求，查看存货单和购货单，规划并完成物流。如果物料不够，无法满足生产要求，就推荐修改计划以生产出等值产品。这种系统是将人工的智能集成到物流系统中。目前，这种物流系统的基本原理已在实际的一些物流系统中逐步得到实践。

6）虚拟化物流阶段（20 世纪 90 年代末至现今）。虚拟物流是以计算机网络技术进行物流运作与管理，实现企业间物流资源共享和优化配置的物流方式。随着虚拟企业、虚拟制造技术的不断深入，虚拟物流系统已经成为企业内部虚拟制造系统的一个重要组成部分。例如英国一家公司采用三维仿真系统对拟建的一条汽车装配线及其相关的仓储输送系统进行了虚拟仿真，经过不断完善和修改，最终的系统降低了成本，提高了效率。

随着物流实体网络与虚拟网络的结合日臻完美，今后还将出现许多不具有仓库、运输工具、生产车间的“虚拟仓库”“虚拟配送中心”“虚拟工厂”等，以一体化整合为服务主体，依托计算机网络技术开展虚拟经营。

（2）从时间跨度来看，物流的发展可划分为古代物流、传统物流和现代物流三个阶段

1）古代物流阶段（20 世纪初以前）。虽然物流的概念出现不久，但物流的历史却和人类的历史一样久远。远古时代人类祖先携带劳动工具外出寻找食物，将食物运送到他们认为安全的地方存放，这种运送与储存就是原始状态的物流。

进入文明社会之后，在长期的物流实践中，前人给我们留下许多宝贵的文化遗产。如“世界七大奇迹”之一的中国万里长城，“上下两千年、纵横十万里”，是迄今为止世界上工程量最大、修建时间最长的工程，在规划设计、物料的采集、搬运输送、施工组织与工程管理等方面之复杂、投入的劳力之多堪称世界罕见，仅北齐天宝年间修筑从居庸关南口至大同九百多华里的长城就征用了 180 万民夫。明代修筑长城用了 5 000 万立方米的砖石和 1.5 亿立方米的土方，其他的如京杭大运河、古埃及金字塔、古巴比伦空中花园等，规模宏大而工程艰巨，无一不闪耀着人类早期关于物流的智慧。

中国的古丝绸之路更是人类早期国际物流实践的典范。它包括沙漠绿洲、草原森林、高山峡谷和海上丝绸之路四个组成部分，是世界最早、最长的物流通道和范围最广的物流网络。其中沙漠绿洲丝绸之路长达 7 000 千米，延续千余年，是丝路的主干道，其起点随着朝代更替、政治中心转移而变化，长安、洛阳、大同、开封、大都、燕京、北京都曾为

其起点；草原森林丝绸之路从黄河中游北上，穿蒙古高原，越西伯利亚南部至中亚、波斯转至黑海海滨、地中海沿岸国家；海上丝绸之路东至朝鲜、日本，南至东南亚诸国，西至南亚、阿拉伯和东非沿海诸国，其始发港随历史时间变化，中国南方各港口在不同的时期都曾为其起点；海上丝绸之路起于秦汉，兴于隋唐，盛于宋元，明初达到顶峰，在中世纪以后输出的瓷器很多，所以又名“瓷器之路”。丝绸之路推动了以中国为中心的世界经济的交融和发展，是人类文明史上的一个伟大创举。

近代中国革命的先行者孙中山先生提出的“人尽其才，地尽其力，物尽其用，货畅其流”，则是近代最早的关于物流的著名论述。

在古代物流阶段，由于生产力水平相对低下，物流形式主要是人工物流，物流处于分散无组织状态，还没有出现明确的物流观念。

2）传统物流阶段（20 世纪初至 20 世纪 80 年代中期）。物流的概念源于 20 世纪初的美国，营销学者阿奇·萧从市场营销的角度提出物流概念；少校琼西·贝克从军事后勤的角度提出物流概念。从 20 世纪初到 20 世纪 80 年代中期，是传统物流阶段。

第二次世界大战期间，美军在后勤供应系统采用了托盘、集装箱、叉车等先进的运输工具和装卸手段，在实践中认识到了物流系统功能的价值。第二次世界大战以后，人们将用于军事上的物流系统运作方法和技术，广泛运用于民间的经贸往来活动中，也为企业注入了新的管理方法和结构模式。

20 世纪 50 年代中期以后，随着科学技术的发展，尤其是管理科学的进步，生产方式、组织规模化生产的改变，物流进入了快速发展的重要时期。物流概念继续在美国得到发展和完善，并从美国走向了世界，为世界所公认，也形成了比较完善的物流管理学派、物流产业和物流领域。

在这个阶段，世界经济环境发生了深刻的变化，随着科学技术的发展，物流技术进入机械化和自动化阶段，轮船、火车、汽车、飞机等运输工具得到广泛应用，并出现了容量很大的仓库。许多国家政府都充分重视基础设施建设，形成大量条件良好的交通网络与交通枢纽，为物流业的发展提供了很好的物质基础。

特别是 20 世纪 70 年代初第一次石油危机的爆发，石油价格猛涨四倍，带动其他能源、原材料价格一再上扬，使得经济界和理论界对物流的潜力有了深刻认识，从而树立了物流是“企业第三利润源泉”的牢固地位。

3）现代物流阶段（20 世纪 80 年代中期至今）。20 世纪 80 年代中期以后，随着社会分工和市场竞争的进一步发展、管理科学的进步，以及机械技术、自动化技术、计算机网络技术的综合运用，物流发展进入了现代物流阶段。

现代物流实质上是一种集成的一体化的专门的物流，它用系统工程的理论、网络通信手段、系统控制方法、现代信息处理技术和物流工程技术，整合所有流通加工、包装、装卸、搬运、储存、保管、信息、单证、结算等资源功能，在商家与用户之间架起一座门对门“无缝链接”服务的桥梁。它的优点是：

- 能够最大限度地发挥系统资源的整体组合优势。
- 能够最大限度地提高系统的综合利用功能。
- 能够最大限度地实现信息资源的共享。
- 能够最大限度地缩短资源的使用周期。
- 能够最大限度地加快物品的传递速度。
- 能够最大限度地降低系统的运作成本。

尤其在 1997 年东南亚金融危机中，以现代物流为支柱产业的新加坡和香港地区表现出了较强的抗御危机能力，令世人刮目相看。现代物流也从此奠定了在世界经济发展中的基础地位，提升了现代物流的发展空间。

（3）现代物流与传统物流的区别。现代物流是相对于传统物流而言的，它与传统物流的区别是：

1）经济背景不同。传统物流是在生产力水平较低情况下发展起来的，企业多在本地区内寻找原材料、资金和劳动力来进行生产，区域、国际间的经济贸易以产成品交换为主。随着生产力水平的提高和经济全球化、一体化趋势的增强，跨国企业集团不断涌现，全球化市场逐渐形成。为适应跨国公司在世界范围内寻找原材料、零部件、资金、劳动力的来源，选择适合全球市场的分配中心和集散仓库，必然需要建立起高效、安全、可靠的现代物流服务网络，因此，现代物流具有国际化的特点。

2）被动管理与主动服务。传统物流的被动性表现在物流承担方往往被动地满足需方提出的运输、存储等要求，根据订单或合同提供服务。现代物流的主动性表现在物流活动嵌入到整个企业管理的全过程中。物流承担方更多地介入企业的生产经营管理活动，除传统的运输、仓储、包装、流通加工等服务功能外，现代物流服务在外延方面向上扩展到市场调查预测、采购及订单处理，向下延伸到分拨配送、物流咨询、物流方案的规划选择、库存控制策略选择、贷款回收与结算、人员教育培训等各项增值服务；在内涵方面则是提高各项服务的质量及物流决策的科学化水平。

现代物流强调服务功能的合理定位与完善化、系列化，几乎能在企业价值链的每一个环节提供增值服务，与企业主体经营活动共同发挥作用，构筑起现代企业核心竞争优势。物流服务范围也从传统的单一企业不断扩大到多企业、企业集团，特别是第三方物流的发展及现代信息技术的支持，使现代物流服务的区域扩展到城镇及周边地区、经济区，乃至跨地区、全国性、全球性的物流服务。

3）分散管理与系统管理。传统物流对物流单一环节的分割管理，造成企业追求单一环节成本最低，并不一定总成本最低。现代物流不再孤立地看待参与物流的各个环节，而是从系统的角度综合考虑物流管理中的各项功能，进而提出物流系统化或综合物流管理的理念。通过合理规划、统筹协调，有效地控制商品的整个流动过程，满足用户需求不断变化的客观需要，追求整体系统的成本最低和效益最大。

4）人工控制与物流管理信息化。传统物流实行人工控制，现代物流则实施信息化、专业化、集成化管理。在理论上，现代物流应用博弈论、运筹学等理论对物流的各项活动加以考察；在技术上，条形码技术、EDI技术、自动化技术和网络技术、智能化和柔性化技术等得到广泛应用，运输、装卸、仓储等也普遍采用专业化、标准化、智能化的物流设备，每一项物流服务业务都处于系统中枢的掌握与控制之中，实现人员、设备、技术、管理的高度集成，确保物流质量保障体系的建立和有效实施。

5）现代物流服务社会化。传统物流侧重点到点或线到线服务，现代物流侧重于构建全球服务网络。现代物流服务社会化的突出表现是第三方物流的迅猛发展，随着社会分工的深化和市场需求的日益复杂，生产经营对物流技术和物流管理的要求也越来越高。企业逐渐认识到依靠其自身的力量不可能在每一个领域都获得竞争优势，因此更倾向于采用物流外包的方式，将物流环节交由专业物流公司，或者在企业内部设立相对独立的物流专业部门，将有限的资源集中于自己真正的优势领域。

物流服务社会化有利于实现物流企业的集约化、规模化经营，能在更大范围内实现物流合理化，降低物流成本，提高国际市场竞争力。

3. 物流的主要发展趋势

在社会需求多样化、经济市场化、市场一体化、竞争国际化的社会背景下，现代物流正朝着标准化、信息化、网络化、一体化、柔性化和绿色化的方向发展。

（1）标准化。在计算机网络和信息技术的支撑下，现代物流将原本分离的商流、物流、信息流、人员流和资金流以及采购、运输、仓储、代理、配送等物流活动各环节紧密联系起来，形成了一条完整的供应链。在物流的整个过程中，如果没有标准化措施，物流系统各环节就不能得到有效的衔接和协调，也不可能达到现代物流系统高效运作的目的。

物流标准化内容包括：物流技术设施、物流设备、工具材料等的标准化；物流术语、服务功能、作业流程及管理方法的标准化；物流标识系统、物流数据采集系统、物流信息交换系统等方面的标准化。

目前我国已形成了相应的各种系列的物流行业标准和国家标准，但与国外相比仍有很大差距。

（2）信息化。计算机技术与网络技术的应用和发展为现代物流的信息化提供了强大的支持。物流信息化主要表现为物流信息收集的数据化和代码化、物流信息处理的电子化和计算机化、物流信息传递的标准化和实时化、物流信息存储的数字化、物流信息的商品化、物流信息管理的高技术化等。物流信息化对物流效率和效益的提高具有决定性作用，是实现物流网络化、虚拟化、国际化的重要基础。

（3）网络化。网络化物流在组织资源的速度、规模、效率和资源的合理配置方面具有传统物流所不可比拟的优势。物流网络化包括两个方面的含义：一是物流信息的网络化，指通过计算机网络将供应商、制造商、物流活动中的各个环节和用户联结起来，进行业务联系及结算管理；二是物流活动组织的网络化，例如，通过计算机网络将分散在各地的分属不同所有者的多个仓库连接起来，进行统一管理和配套使用，使之成为“虚拟仓库”或者称为“网络仓储”，实现整个物流网络最优的库存总水平和库存分布。又例如通过最新的电子商务技术及平台将企业成品库的信息与分销商的信息连接起来，可以形成集成化网络物流，实现整个物流网络生产、运输、配送的快速性与机动性。这种实体网络与信息网络的“无缝链接”，可以使网络上点与点之间的物流活动保持系统性和一致性，保证整个物流网络的最优。

（4）一体化。物流一体化是指不同企业之间或企业不同职能部门之间，通过合作，达到提高物流效率、降低物流成本的效果。现代物流是现代信息技术、现代生产方式、现代经营管理方式相结合在物流领域的体现，其经营主体更加重视物流各要素之间、物流要素与经营、物流要素与供应链管理的协调关系，并在组织结构、应用技术等方面能为物流一体化提供实施的技术手段。物流一体化的形式包括：垂直一体化和水平一体化。

物流垂直一体化或称为物流集成化，是指物流系统各子系统协调运作，系统化发展。垂直一体化物流要求企业实现从原材料到用户的全程物流管理，要求企业利用自身条件建立和发展与供货商、用户的合作关系，形成联合力量，赢得竞争优势。

物流水平一体化或称为物流共同化，是指在供应链管理的基础上，多个企业结成战略联盟，形成多方位、纵横交叉、互相渗透的协作有机体，通过在物流方面的合作而获得规模经济效益和物流效率。

在此背景下，一方面，物流系统软件的开发应用成为研究热点。目前集成化物流系统软件正向深度和广度发展，例如：制造执行系统软件与物流系统软件合二为一，并与 ERP 系统集成；物流系统软件从最初简单的“库存控制—IC”到“仓储管理—WMS”再到“集成化物流管理监控—IMHS”，正向着开放性、可升级性、集成性的方向发展。

另一方面，物流系统规划设计将越来越受到重视。由于设计方案及设备选型的多样性等因素影响，物流系统的规划设计日趋复杂，而多维仿真软件进入物流系统的规划设计领域，使得这一工作更具有科学性。目前物流仿真系统软件已经成为虚拟制造系统的重要组成部分。

（5）柔性化。柔性化本来是为实现“以顾客为中心”的理念而在生产领域提出的。但要真正做到柔性化，即根据消费者需求的变化来灵活调节生产工艺，没有配套的柔性化的物流系统是不可能实现的。20 世纪 90 年代，国际生产领域纷纷推出柔性制造系统（FMS）、计算机集成制造系统（CIMS）、制造资源系统（MRP）、企业资源计划（ERP）以及供应链管理的概念和技术。这些概念和技术的实质是根据需求组织生产，安排物流活动，进而发展出一种适应生产、流通与消费者“多品种、小批量、多批次、短周期”需求特点的灵活组织和柔性化物流。柔性化物流即弹性物流已发展成为一种新型物流模式。

（6）绿色化。现代经济发展所带来的资源环境恶化，已威胁到人类的生存和发展，环保的观念日益深入人心。为此，21 世纪对物流提出了新的要求，即绿色物流。

物流的绿色化趋势表现在以下三个方面：

1）节约资源。如对物流系统中的托盘、包装箱、货架等资源消耗大的环节，通过标准化使得它们的可重复利用性提高，通过供应链管理的不断完善降低托盘和包装箱的使用量。

2）控制污染源。在物流系统规划决策与运作中尽量采用对环境污染小的方案，如采用可降解材料做包装材料、采用排污量小的货车车型、近距离配送，夜间运货以减少交通阻塞、减小排放和节省燃料等。发达国家政府倡导绿色物流的对策是在污染发生源、交通量、交通流等三个方面制定了相关政策。

3）建立工业和生活废料处理的物流系统。这对于改善环境、节约资源，实现人类可持续发展的目标具有极其重要的战略意义。

4. 重要的物流学说和理论

（1）重要的物流学说。自从物流概念产生以来，随着人们对物流认识的不断加深，物流学说也呈现出“百花齐放、百家争鸣”的局面。下面列举几个历史上出现的比较重要的物流理论和学说。

1）商物分离。现代物流的发展起源于“商物分离”。

在社会流通领域，存在着商流和物流两种流通形式。商流，即人们所从事的商业性交易活动，是商品所有权的转让，是通过货币实现的。物流，是马克思称的“实际流通”，是商品实体的流通。

在现代社会诞生之前，商流、物流是紧密地结合在一起的，交易中商品易手一次，商品实体便发生一次运动。社会化大生产方式，促进了专业化的发展，由此而出现了“商物分离”，即商流和物流沿着自己的专业化轨道发展，如图 1—1 所示。

2）后勤学。在经济界使用后勤一词，是第二次世界大战以后的事。在此之前，经济

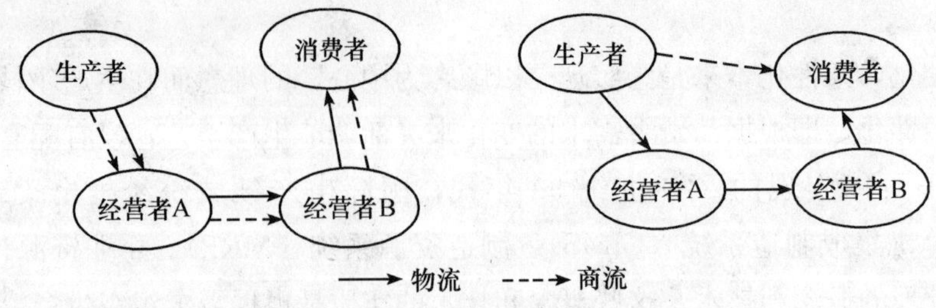

图 1—1　商物分离示意图

界一直称物流为实物分销。实物分销实质上属于销售物流范畴。

第二次世界大战以后，世界经济环境发生了深刻变化，经济理论研究和经济活动的实践都证明，企业效益的取得，单靠销售环节是不行的，必须综合考虑生产环节和供应环节，按着更广泛的领域建立有更大的系统和更强的综合战略。后勤的概念适应了这种需要，因此欧美等国纷纷将实物分销改称为后勤。

后勤网络的基本实体要素主要有原料产地、制造工厂、配送中心和客户。

3）黑暗大陆说。1962 年，美国著名的管理学家德鲁克在《经济的黑暗大陆》一文中指出“流通是经济领域里的黑暗大陆”，提出物流是降低成本的最后领域，强调高度重视物流管理，在实业界和产业界引起了极大的震动。

4）物流冰山说。“物流冰山说”是日本早稻田大学西泽修教授提出来的。他在研究物流成本时发现，现行的财务会计制度和会计核算方法都不可能掌握物流费用的真实情况。一般情况下，企业会计科目中，只把支付给外部运输企业、仓库企业的费用列入成本，实际这些费用在整个物流费用中只是很小的一部分。真正的大头是企业内部发生的各种物流费用，如物流基础设施建设费、企业利用自己的车辆运输、利用自己的库存保管货物、由自己的工人进行包装、装卸等费用，这些都没有计入物流费用科目内。因而西泽修以为物流费用犹如一座海里的冰山，露出水面的仅是冰山的一角。

5）第三利润源泉。“第三利润源泉”说法也是日本早稻田大学教授西泽修先生提出来的。

人类历史上曾经有过两个大量提供利润的领域。

“第一利润源泉”指的是资源领域。起初是通过廉价的原材料、燃料获得高额利润，后来则是依靠科技进步，节能降耗、回收利用或者人工合成资源而获取高额利润。

“第二利润源泉”指的是人力领域。最初是通过廉价劳动力，其后则是依靠科技进步提高劳动生产率，降低人力消耗从而降低成本，增加利润。

“第三利润源泉”指的是现代物流。在前两个利润源潜力越来越小，利润开拓越来越困难情况下，物流领域的潜力被人所重视，按时间序列排为“第三利润源泉”。

6）效益背反说。效益背反指的是物流系统的若干功能要素之间存在着交替损益的矛盾，即某一个功能要素的优化和利益发生的同时，往往会存在另一个或另几个功能要素的利益损失。这一种此涨彼消，此盈彼亏的现象，在许多领域都存在着，但物流领域中，更为常见和普遍。

7）成本中心说。“成本中心说”认为物流是企业成本的重要产生点，也是企业“降低成本的宝库”。因而，在整个企业战略中，对物流的关注，并不主要是为了搞物流的合理化、现代化或者支持保障其他活动，而主要是通过物流管理和物流的一系列活动降低成本。

8）利润中心说。“利润中心说”认为物流可以为企业提供大量直接和间接的利润，并且，对国民经济而言，物流也是国民经济中创利的主要活动。

9）服务中心说。“服务中心说”认为，物流活动最大的作用，在于提高企业对用户的服务水平进而提高了企业的竞争力，而不在于为企业节约了消耗，降低了成本或增加了利润。

10）战略说。“战略说”是当前非常盛行的说法。战略说把物流上升到一种思维方式和企业管理模式，认为物流是企业发展的战略而不是一项具体操作性任务，是关系到企业生存和发展的关键因素。实际上，这种说法已逐渐为学术界和产业界所认识和接受。

（2）现代物流理论。现代物流阶段的最大特色包括供应链管理理论、第三方物流/第四方物流及电子商务的兴起。

1）供应链管理理论。供应链是围绕核心企业，通过信息流、物流、资金流的控制，将产品生产和流通中所涉及的原材料供应商、生产商、批发商、零售商以及最终消费者连成一个整体的功能网链结构。所谓供应链管理（Supply Chain Management，SCM），就是指对整个供应链系统进行计划、协调、操作、控制和优化的各种活动和过程，其目标是通过调和总成本最低化、客户服务最优化、总库存最少化、总周期时间最短化以及物流质量最优化等目标之间的冲突，实现供应链绩效最大化。

2）第三方物流/第四方物流

①第三方物流

a. 第三方物流的含义。第三方物流是指由物流劳务的供方、需方之外的第三方去完成物流服务的物流运作方式。第三方就是指提供物流交易双方的部分或全部物流功能的外部服务提供者。简单地说，第三方物流企业就是除“第一方”（买方）和“第二方”（卖方）之外，从事物流服务的第三方企业，它既不生产产品，也不销售产品，而是利用自身拥有的设施、设备为供应商、制造商、销售商提供物流服务。这类服务包括仓储、装卸、运输、配送、流通加工、物流信息等。

第三方物流随着物流业发展而发展，是物流专业化的重要形式。物流业发展到一定阶段必然会出现第三方物流，而且第三方物流的占有率与物流产业的水平之间有着非常紧密的相关性。西方国家的物流业实证分析证明，独立的第三方物流至少占社会的50%时，物流产业才能形成。所以，第三方物流的发展程度反映和体现着一个国家物流业发展的整体水平。

专业化、社会化的第三方物流的承担者是物流企业。综观国内外物流业现状，物流企业种类繁多。以下两种分类方法，相信对于认识和指导第三方物流是十分有益的。

按照物流企业完成的物流业务范围的大小和所承担的物流功能，可将物流企业分为综合性物流企业和功能性物流企业。功能性物流企业，也叫做单一物流企业，即它仅仅承担和完成某一项或几项物流功能。按照其主要从事的物流功能，可将其进一步分为运输企业、仓储企业、流通加工企业等，而综合性物流企业能够完成和承担多项甚至所有的物流功能。综合性物流企业一般规模较大、资金雄厚、并且有着良好的物流服务信誉。

按照物流企业是自行完成和承担物流业务，还是委托他人进行操作，还可将物流企业分为物流自理企业和物流代理企业。物流自理企业就是平常人们所说的物流企业，它可进一步按照业务范围进行划分。物流代理企业同样可以按照物流业务代理的范围，分成综合性物流代理企业和功能性物流代理企业，功能性物流代理企业包括运输代理企业（即货代公司）、仓储代理企业（仓代公司）和流通加工代理企业等。

在西方发达国家第三方物流的实践中，有以下三方面值得注意。第一，物流业务的范围不断扩大。商业机构和各大公司面对日趋激烈的竞争，不得不将主要精力放在核心业务上，将运输、仓储等相关业务环节交由更专业的物流企业进行操作，以求节约和高效；另外，物流企业为提高服务质量，也在不断拓宽业务范围，提供配套服务。第二，很多成功的物流企业根据第一方、第二方的谈判条款，分析比较自理的操作成本和代理费用，灵活运用自理和代理两种方式，提供客户订制的物流服务。第三，物流产业的发展潜力巨大，具有广阔的发展前景。

b. 第三方物流对企业的贡献

• 集中优势，发展主业。“大而全”的经营模式正在被淘汰，企业必须进行资源优化配置，将有限的人力资源、财力集中于核心业务。借助第三方物流企业“轻装上阵”，使企业一直处于灵活机动、风险最小、竞争力最强的“精良生产”状态。

• 节省费用，消除非增加价值成分。专业化的第三方物流公司利用规模经营的专业优势和成本核算优势，通过提高各环节能力的利用率来节省成本，使企业能从分离费用结构中获利。

• 减少库存和资金积压。随着经营规模不断扩大，企业所负担的原材料和库存成本会无限增长，特别是贵重材料和高价值成品的库存增加会导致企业资金积压，这是每一个企业都必须避免的。第三方物流企业借助庞大的配送/仓储网络，优化的配载/运输调度和时时的运送媒介，最大限度地减少库存，改善企业的现金流通，实现成本优势。

• 双赢战略与企业形象。第三方物流企业和企业不是竞争对手，而是战略伙伴。共同点就是都为顾客着想，通过信息平台使供应链完全透明，任何一方或任何客户都可通过互联网了解供应链的动态信息。同时，企业还作为第三方物流企业的客户享有相当的主动权。第三方物流企业通过运营、服务成为物流专家，减少系统的复杂性，通过遍布全国或世界的运送网络和分承包商大大缩短交货期。第三方物流企业还可以根据要求改进服务，提升企业品牌的形象。

第三方物流目前处于发展壮大阶段。欧洲目前使用第三方物流服务的比例约为 76%，美国约为 58%，且需求仍在增长，所以第三方物流企业在美国被普遍认为尚处于发展期，在欧洲被普遍认为有一定的成熟程度。

②第四方物流

a. 第四方物流的含义。第四方物流的概念是安德森咨询公司提出的，并将它定义为“一个调配和管理组织自身的及具有互补性服务提供商的资源、能力与技术，来提供全面的供应链解决方案的供应链集成商”。第四方物流是在第三方物流的基础上对管理和技术等物流资源进一步整合，为用户提供全面意义上的供应链物流解决方案。

第四方物流的出现是市场整合的结果。第三方物流由于缺乏提供整个供应链物流服务所需要的综合技能、集成技术、战略和全球扩展能力，通常只能作为整个供应链的一部分为供应链的某些环节提供服务，因此，往往不能满足日益增长的客户服务要求，如电子采购、订单处理能力、虚拟库存管理等服务。在这种背景下，第四方物流应运而生。

第四方物流不仅控制和管理特定的物流服务，而且对整个物流过程提出方案，并通过电子商务将这个程序集成起来，因此第四方物流商的种类很多，变化程度亦可以十分大。

第四方物流的关键在于为顾客提供最佳的增值服务，即迅速、高效、低成本和个性化服务等。而发展第四方物流需平衡第三方物流的能力、技术及贸易流畅管理等，但亦能扩大本身营运的自主性。

b. 第四方物流的基本功能。

第一，供应链管理功能。一方面管理从供应商、生产商、经销商到用户的货物供应全过程，另一方面管理供应链上各公司之间在业务操作上的衔接与协调问题。

第二，供应链再造功能。即根据客户在供应链战略上的要求，及时改变或调整物流方案，使其经常高效率地运作。

因此，第四方物流突破了第三方物流的局限性，能实现真正的低成本运作和最大范围的资源整合。尽管第四方物流还处于初期阶段，但随着对物流服务更深层次、更全面要求的提高，第四方物流必将会有广阔的发展前景。

3）电子商务。电子商务是指利用现代信息技术所进行的商务活动的总称。随着经济全球化、一体化趋势不断加快，通过计算机、网络通信和互联网等现代信息技术实现商务活动的国际化、信息化和无纸化，已成为各国商务发展一大趋势。因此电子商务正受到世界各国的普遍关注，成为21世纪世界经济新的增长点。如图1—2所示。

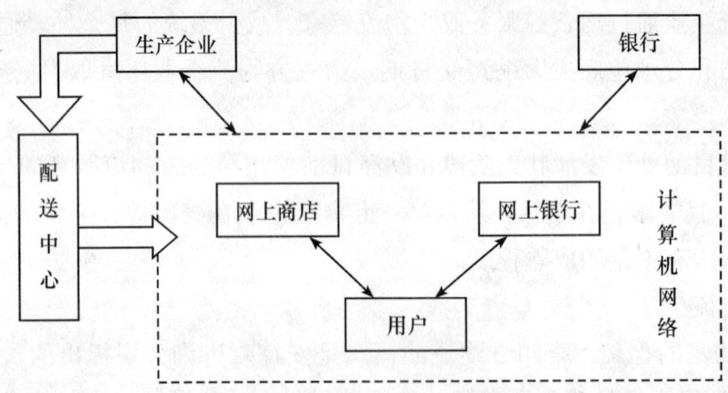

图1—2　电子商务环境下物流运行图

电子商务是科学、技术、产品与管理集成的一种业务模式，其运作过程实质上是信息流、商流和物流这三大流的流动过程。电子商务的实现包括两个方面：网络交易和物流配送。

①网络交易。首先，供应商在网络上发布商品、服务的信息，而顾客则从网络上搜索所需购买商品或服务的信息。然后，供应商与顾客通过Internet进行交互式的信息反馈，顾客可以对所需商品提出规格、性能、交货时间等方面的要求。当顾客与供应商在细节问题上达成一致时，顾客填写电子订购单，商家收到电子订单后立即向顾客发送购物账单，包括商品的单价、数量、应付款、税额及运费等，消费者确认后，输入信用卡号和密码，上述信息经加密后发送到电子银行，电子银行检验有效后通知商家支付有效。至此，实现了电子商务的网络交易。

②物流配送。网络交易仅仅实现了信息流和商流，而电子商务的最终成功要依赖于物流，也就是说，只有等到电子商务交易的实物送到顾客手中时，整个过程才算结束。

目前，电子商务以其相对低廉的成本、简化的贸易流程、超越时空限制的经营方式和巨大利润，已吸引了全球几十万家公司、1 500多家银行介入这一崭新领域。但是，目前国内外实行电子商务的企业，虽然其网上销售额迅速增长，但真正能够赢利的却不多，真正原因在于其物流成本高、效率低。因此，电子商务需要适合其特点的现代物流业的支持。

由于电子商务将市场的空间形态、时间形态和虚拟形态结合起来，将物质流、现金流、信息流汇集成开放的、良性循环的环路，可以使企业以网络为纽带，在市场竞争中发挥最佳优势，电子商务必将成为21世纪企业的一种生存方式。

在电子商务环境下，企业能否在未来市场竞争中取得优势，关键在于能否缩短向顾客提供产品和服务的时间。为此，企业必须建立一个高效率、低成本运行的物流体系来保证电子商务的通畅发展。

二、物流系统

1. 物流系统概述

系统的概念，是现代物流最基本的概念之一，现代物流的研究是建立在系统的概念基础上。

（1）系统的基本知识

1）系统的概念。系统是同类或相关事物按一定的内在联系组成的，具有一定目的、一定功能并相对独立的整体。

2）系统的基本特征

①集合性。系统整体内由两个以上有一定区别又有一定关联的要素所组成。

②相关性。组成系统的各要素之间存在相互联系、相互作用、相互影响的关系，同时，系统必须有一定的有序结构。

③目的性。系统具有能使各个要素集合在一起的共同目的。

④适应性。系统存在于环境之中，也处于更大的系统的包容之中，因此，必须有适应性才是得以存在的条件。

3）系统的三要素。系统由“输入、处理、输出”三要素组成。外部环境向系统提供劳力、手段、资源、能量、信息，称为“输入”；系统以自身所具有的特定功能，将“输入”的内容进行必要的转化和处理，使之成为有用的产成品；最后，将经过处理后的内容向外部输出供外部环境使用，从而完成“输入、处理、输出”的基本功能。如生产系统就是：先向工厂输入原材料，经过加工处理，得到一定产品这样一个循环过程。

（2）物流系统及其基本模式。物流系统是由运输、储存、包装、装卸、搬运、配送、流通加工、信息处理等基本功能要素所构成的有机整体。

物流系统和一般系统一样，具有输入、处理及输出三大功能，通过输入和输出使系统与社会环境进行交换，使系统和环境相依而存，而处理则是这个系统带有特点的系统功能，物流系统基本模式如图1—3所示。

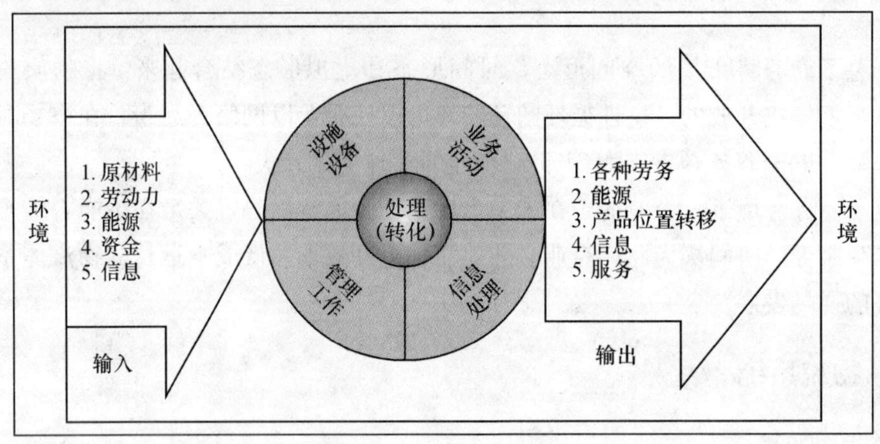

图 1—3　物流系统模式简图

(3) 物流系统特点。物流系统本来就是客观存在的，只是从认识这个意义上来讲，是现代科技及现代观念的产物。物流系统的特点是：

1）跨度大。反映在两个方面：一是地域跨度大；二是时间跨度大。系统跨度大带来的主要问题是管理难度较大，对信息的依赖程度高。

2）稳定性较差而动态性较强。一般的物流系统，总是连接多个生产企业和用户，随着需求、供应、渠道、价格的变化，系统内的要素及系统的运行经常发生变化，难于长期稳定。稳定性差、动态性强带来的主要问题是管理和运行的难度大，要求系统有足够的灵活性。

3）复杂性。物流系统本身属于中间层次系统范畴，向下可以分解成若干个子系统，向上又处于更大的系统如流通系统、社会经济系统。物流系统要素本身也十分复杂，如物流系统运行对象遍及全部社会物质资源，将全部国民经济产品的复杂性最后集于一身；物流系统要素间的关系也不如某些生产系统那样简单而明捷，这就增加了系统的复杂性。

4）系统结构要素间有非常强的“背反”现象，称为“交替损益”或“效益背反”。例如，在包装方面，包装花钱越少，成本越低，利润越高，但简单的包装降低了产品的防护效果，带来物流系统运输、储存、装卸、搬运功能要素的工作劣化。一旦商品进入流通之后，可能会造成大量损失，使物流系统总体效益下降。

2. 物流系统化

(1) 物流系统总体要求。物流系统的总体要求包括：具有能很好地实现运送、保管功能的包装；装卸搬运功能满足运送和保管的要求；保管中变质、丢失、破损现象少；接受用户订货时商品的在库率高；对用户的订货能很快地进行配送；在运送中交通事故、货物损伤、丢失和发送错误少；物流信息系统能保障物流活动流畅进行，能及时反馈信息；合理地流通加工，以保证生产费与物流费之和最少等。

简单地讲，对物流系统的总体要求可以归结为“7R”，即：

- 在恰当的时刻（Right Time）；
- 将正确的物品（Right Material）；
- 以正确的顺序（Right Sequence）；
- 以准确的数量（Right Amount）；
- 以恰当的成本（Right Cost）；
- 按正确的取向（Right Orientation）；
- 送到指定的位置（Right Place）。

（2）物流系统的五大目标（5S）。物流系统设计运作的目标可以由以下五个方面来表述：

1）服务目标（Service）。物流系统作为联结生产与再生产、生产与消费的桥梁纽带，要求有很强的服务性。在为用户服务方面，物流系统采取送货、配送等形式，力求做到无缺货、无货物损伤和丢失等现象，且费用便宜。近年来出现的“准时供货方式”“柔性供货方式”等，也是其服务性的表现。

2）快捷性目标（Speed）。要求快速、及时地把货物送到用户指定的地点，这既是一个传统目标，更是一个现代目标。为此可以把物流设施建在供给地区附近，或者利用有效的运输工具和合理的配送计划等手段。在物流领域采取的诸如直达物流、综合一贯运输等管理和技术，就是这一目标的体现。

3）节约目标（Saving）。节约是物流系统的重要目标。由于流通过程消耗大而又基本上不增加或提高商品使用价值，所以在物流领域中的节约目标体现在流通时间的节约、物流费用的节约，以及对面积和空间的有效利用等方面。

4）规模优化目标（Scale Optimization）。追求“规模效益”是经济领域的重要规律。由于物流系统比生产系统的稳定性差，难于形成标准的规模化格式。因此在建立物流系统时应该研究物流集约化的程度，如考虑物流设施集中与分散的问题是否适当，机械化与自动化程度如何合理利用，情报系统的集中化所要求的电子计算机等设备的利用等。

5）库存控制目标（Stock Control）。库存调节性是服务性的延伸，也是宏观调控的要求，在物流领域中正确确定库存方式、库存数量、库存结构、库存分布就是这一目标的体现。

上述物流系统的五大目标简称为“5S”，要发挥以上物流系统化的效果，就要进行研究，把从生产到消费过程的货物量作为一贯流通的物流量看待，依靠缩短物流路线，使物流作业合理化、现代化，从总体上达到服务好、费用小的目的。

3. 物流系统要素

（1）物流系统的功能要素。物流系统的功能要素指的是物流系统所具有的基本能力，这些基本能力有效地组合、联结在一起，形成了物流的总功能，便能合理、有效地实现物流系统的总目的。物流系统的功能要素一般包括运输、储存保管、装卸搬运、包装、流通加工、配送、信息处理等，各要素的含义为：

1）运输。运输的主要职能是实现物质资料的空间移动。运输在物流活动中居于中心地位，是物流系统的两大支柱要素之一。对运输活动的管理，要求选择技术经济效果最好的运输方式及运输工具，合理确定运输路线，以实现安全、迅速、准时、价廉的目的。

2）储存保管。储存保管也是物流系统的核心功能要素之一，与运输一起构成了物流系统的两大支柱，在物流活动中居于中心地位。储存保管功能主要是通过仓库来实现的，其作业包括堆存、保管、保养、维护等活动。对储存保管活动的管理，包括仓储管理和库存控制两部分，力求提高保管效率，降低损耗，加速物资和资金的周转。

3）装卸搬运。通常，在整个物流活动中，装卸搬运出现频率最高，是产品损坏的重要原因。装卸搬运包括对运输、储存保管、包装、流通加工等物流活动进行的衔接活动，以及在仓储保管中为检验、维护、保养所进行的装卸活动。对装卸搬运活动的管理，主要包括装卸搬运方式及其机具的选择和合理配置、使用，力求减少装卸次数，达到节能、省力、安全、快速、减少损失的目的。

4）包装。包装的主要功能是保护产品、方便储运和促进销售。包装活动包括产品的出厂包装、生产过程中在制品、半成品的包装，以及在物流过程中换装、分装、再包装等。对包装活动的管理，主要是根据物流方式、销售要求和全部物流过程的经济效果，来确定包装材料和包装形式。如具体决定包装的材料、强度、尺寸，包装方式是以商业包装为主还是以工业包装为主，包装拆装的便利性以及废包装的回收及处理等。

5）流通加工。流通加工是物流过程的辅助加工活动，如金属、玻璃的切割、钻孔、弯曲，商品的组装、贴标、细分化等。企业、物资部门、商业部门为了弥补生产过程中加工程度的不足，更有效地满足用户或本企业的需求，更好地衔接产需，往往需要进行这种加工活动。流通加工是物流过程中提高商品附加值，促进商品差别化的重要环节。

6）配送。配送是以配货、送货形式最终实现资源配置的活动，是整个物流的末端环节。作为一种现代流通方式，配送已不局限于送货运输，而是集运输、储存保管、装卸搬运、包装、流通加工、信息处理、经营、服务于一身，成为物流的一个缩影。对配送活动的管理，主要包括配送方式与模式的选择、配送业务的组织以及配送中心的规划设计、运营管理等。

7）信息处理。物流信息处理包括对与物流活动有关信息的收集、汇总、统计、使用等活动，以便获得相关的计划、预测、动态（运量、收、发、存数）信息，以及有关的费用信息、生产信息、市场信息。物流信息化是现代物流系统能够高效运作的基础。

（2）物流系统的支撑要素。物流系统处于复杂的社会经济系统中，必然要受到其他系统的限制和制约，因此物流系统的建立需要有许多支撑手段，主要包括：

1）政府政策支持。如体制、制度，法律、规章，行政、命令和标准化系统。国家的体制、制度决定物流系统的结构、组织、领导、管理方式。有了政府的政策支持，物流系统才能确立在国民经济中的地位。

2）物流基础设施。它是组织物流系统运行的基础物质条件，主要包括：物流设施，如物流站、场、物流中心、仓库；物流线路，建筑、公路、铁路、港口等；物流装备。物流系统的建立和运行，需要有大量技术装备手段。

3）物流人才培养。高素质人才是物流系统高效运行的关键因素。随着物流业的发展，需要大量的专业物流人才。

4）信息技术及网络。现代物流业作为一个新兴行业，需要高科技的信息技术作支持，因此要大力加强物流信息平台的建设。

4. 物流系统体系及分类

（1）物流系统体系。现代物流已发展成跨地区、跨行业、跨学科的综合性复杂大系统。总的来说，整个物流系统的体系结构由宏观物流系统、中观物流系统和微观物流系统三部分组成。

1）宏观物流系统。宏观物流系统是社会化大物流系统，涉及的范围很大，如国际物流。宏观物流系统的主要研究内容包括：物流总体构成、物流与社会关系、物流与经济发展的关系、国际物流系统的建立和运作等。研究的主要特点是具有综合性和全局性。

2）中观物流系统。中观物流系统所涉及的范围较大，如国内物流、区域物流、城市物流和企业间的物流。中观物流系统研究特点是从区域上的经济社会来认识和研究物流。相对于国际物流而言，一个国家范围内的物流，一个城市的物流，一个经济区域的物流都处于同一法律、规章、制度之下，都受相同文化及社会因素影响，都处于基本相同的科技水平和装备水平之中，因而，都有其独特的区域的特点。

①国内物流。国内物流主要是研究物流宏观布局、生产力布局、交通运输设施规划、仓储设施规划、宏观物流政策、物流产业规划管理等方面的内容。

②区域物流。区域物流是一个国家经济区的物流。通过研究各个国家的区域物流，可以找出其区别及差异所在，找出其联结点和共同因素，这也是研究国际物流的重要基础。

③城市物流。城市物流是一个国家的城市经济社会的物流。城市物流研究的问题很

多，例如：一个城市的发展规划，规划整个市区（如工厂、住宅、车站、机场等）的布局；城市形成之后，城市生产资料、生活资料的流入和供应形式，城市巨大的耗费所形成的废物又如何组织物流等。可以说城市物流内涵十分丰富，很有研究价值。物流已成为世界上各大城市规划和城市建设要研究的一项重点。

宏观物流系统和中观物流系统统称为社会化物流系统。

3）微观物流系统。微观物流是生产者、消费者所从事的具体的、实际的物流活动，微观物流系统的最大特点表现为具体性、实务性和局部性的特征。如企业物流、生活物流等均属微观物流系统。

（2）企业物流的分类。企业是国民经济建设的主体和生力军，作为企业生产与经营的组成部分，企业物流在整个物流体系中具有相当重要的地位。

企业物流属于微观物流，通常，企业物流又可以按所从事业务的属性或物流业主的类型进一步分类。

1）按所从事业务的属性分类。企业物流按所从事业务的属性分类，可划分为：供应物流、生产物流、销售物流、回收物流和废弃物物流，如图 1—4 所示。

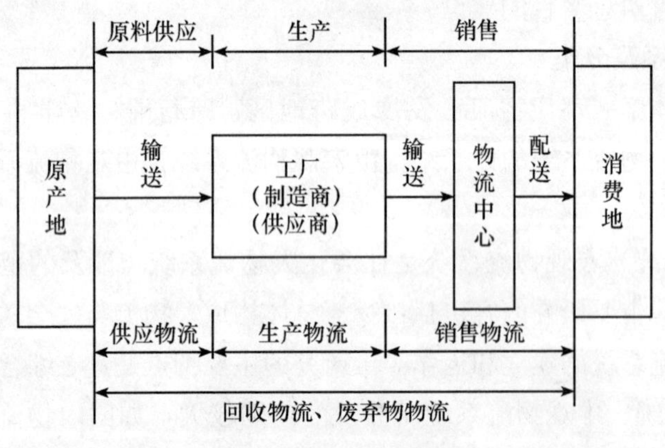

图 1—4　企业物流分类

①供应物流。供应物流是企业生产的原材料从供应商开始，到购进来投入生产前的物流活动。应当力求以最低成本、以最少消耗、以最大的保障来组织供应物流活动。在当今非短缺商品市场这样一个宏观环境下，企业的竞争关键在于：如何降低这一物流过程的成本，这可以说是企业物流的最大难点。为此，企业供应物流就必须解决有效的供应网络问题、供应方式问题、零库存问题等。

②生产物流。生产物流是企业生产用原材料从投入生产的第一道工序开始，到半成品、成品或可出售制品出库整个生产过程中的物流活动。企业生产物流研究课题很多，例

如生产流程如何安排从物流角度看才最合理，各生产活动环节如何衔接才最有效，如何缩短整个生产的物流时间，与工艺过程有关的物流机械装备如何选用配置等。

③销售物流。销售物流是从企业成品库、流通仓库或工厂分发销售过程中所产生的物流活动，包括生产厂商的直接销售和流通企业的销售。在现代社会中，市场环境是一个完全的买方市场，销售往往以送达用户并经过售后服务才算终止。在这种前提下，企业销售物流的特点，便是通过包装、送货、配送等一系列物流实现销售，这就需要研究送货方式、包装水平、运输路线等并采取各种诸如少批量、多批次，定时、定量配送等特殊的物流方式达到目的，因而，其研究领域是很宽的。

④回收物流。生产消费过程和生活消费过程的可再利用物品在回收过程中所产生的物流活动，称为回收物流。如包装容器、废旧装载工具、边角余料、废旧钢材的回收等。

⑤废弃物物流。不可再利用的废旧物称为废弃物，对废弃物进行运输、装卸、处理等所发生的物流活动，称为废弃物物流。

2）按物流业主类型分类。物流业主，是指承办物流业务的主体。企业物流按物流业主的类型，可划分为：自办物流、第三方物流和第四方物流。

第2节　现代物流管理

学习目标

➢掌握物流成本、物流质量、物流服务、物流标准化及供应链战略管理的相关知识

一、物流成本

1. 物流成本的概念

根据2007年5月1日正式实施的《中华人民共和国国家标准物流术语》（GB/T 18354—2006），物流成本可定义为“物流活动中所消耗的物化活动和活劳动的货币表现”，即产品在实物运动过程中，如包装、运输、储存、流通加工、物流信息等各个环节所支出的人力、物力和财力的总和。物流成本是完成物流活动所需的全部费用。

总成本分析是管理物流职能的关键。物流组织的一个主要目标应是减少物流活动的总成本，而不是集中在孤立的单一活动。试图减少单个活动的成本也许会导致总成本增加，例如，将制成品库存合并到少数几个配送中心将会减少存货持有成本和仓储成本，但可能导致运费的巨大上升或是由于客户服务水平下降所导致的销售量减少。类似地，与大批量采购有关的节约可能低于库存持有成本的关联上升。

物流的六个主要成本类别示于图1—5。管理层必须考虑图中所描述的所有物流成本的总和。一项成本的减少必然导致其他组成部分的成本上升，只有将物流看成是一个完整的系统，并以给定企业的客户服务目标为前提，将总成本最小化，才能实现有效的管理和真正的成本节约。物流成本是由支持物流过程的活动所驱使或造成的。主要的成本类别：客户服务、运输、仓储、订单和信息处理、批量以及存货持有。

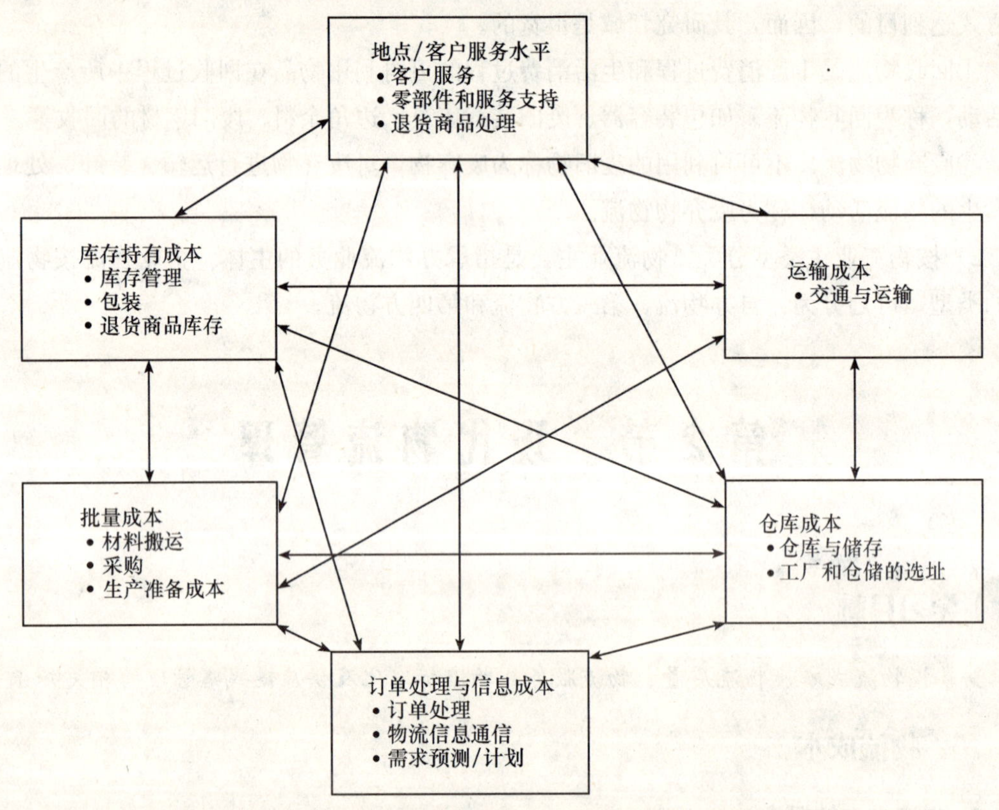

图1—5　物流活动如何驱动物流总成本的发生

（1）客户服务水平。与客户服务水平相关的关键成本权衡因素是丧失销售的成本。

丧失销售的成本不仅包括失去现有销售所带来的损失，还包括未来的潜在销售。公司可能由于以前顾客的反面的口头宣传而丧失未来的销售机会。据某一项评估表明，每个不满意的顾客会将其对于产品或服务的不满平均向其他9个人诉说。毫无疑问，要衡量客户服务的真实成本是多么困难！

因此，最好的办法是根据客户需要努力达到客户服务水平，并考虑那些需求将会如何受营销组合等其他方面开支的影响。正如我们前面所说的，其思想是在给定客户服务目标的前提下，使总成本最小化。因为其他五个主要的物流成本因素共同作用来支持客户服务，物流经理需要得到有关每个成本类别的开支的正确数据。

(2) 运输成本。根据分析个体的不同，可以用多种不同的方法来考察运输的支出。成本可以按客户、生产线、渠道类型、运输商、方向（进货、发货）等分类。根据发运量、运输的重量、距离，以及出发地和目的地不同，成本相应地变化很大。成本和服务还会随着所选择的运输方式的不同而发生大幅度的变动。

(3) 仓储成本。仓储成本由仓储和储存活动，以及工厂和仓库的选址过程所造成，包括由于仓库数量和位置的变化而引起的所有成本。

(4) 订单处理和信息系统成本。订单处理和信息系统的成本与诸如处理客户订单、配送信息和需求预测等活动相关。对订单处理和信息系统进行投资，对支持良好的客户服务水平和控制成本极为重要。订单处理成本包括订单发送、订单录入、订单核实、订单处理以及相关的内部和外部成本，比如通知运输商和客户有关发运信息和产品的可供情况。发运人和承运人已经进行了大量投资，来改善他们的信息系统，包括电子数据交换（EDI）、卫星数据传输，以及发货与销售的条形码编码及扫描技术。另外，复杂的信息技术也有了快速发展，如决策支持系统、人工智能（AI）、互联网接入和专家系统。

(5) 批量成本。批量成本是和生产或采购相关的成本，随着生产批量、订单的大小或频率的改变而变化。它们包括：

1) 生产准备成本。

①准备生产线、确定供应商和下订单所需的时间。

②由于准备生产线所造成的废料。

③生产线刚开始启动或新供应商刚引进时的无效运作。

2) 由于生产线或供应商转换期间的停工所造成的生产能力损失。

3) 物料搬运、安排计划和加急。

4) 购买不同数量材料的价格差异。

这些成本不应该被孤立地看待，因为它们可能还会影响其他许多成本。例如，一个消费品制造商生产很大的生产批量，也许可以从材料供应商那里得到好价钱，还获得长时间有效率的生产运作，但是也可能需要更多的储存空间来处理这些大批量货物；客户服务水平可能因为订单完成率下降而受到影响，原因在于产品以大批量、低频率生产，在两个生产批次之间库存降到零而产生断货的情况；这也可能会增加信息和订单处理成本，原因在于顾客频繁打电话核实后续延期订货的可供状况，并取消延期订货；由于向客户部分地或分拆订单发货，运输成本也可能上升。这归咎于大批量，由于在库存耗尽为止一直持有大量库存，存货持有成本可能会上升。因此，某项成本对另一项成本的影响必须加以考虑。

（6）存货持有成本。可能影响存货持有成本的物流活动包括库存控制、包装以及废品回收和废物处理。存货持有成本由许多因素组成，除销售的丧失成本之外，存货持有成本是最难确定的。为了要制定决策，唯一要考虑的库存相关成本是那些随着存货金额变动而变化的项目。存货持有成本的四个主要组成部分是：

1）资本成本或者机会成本，即公司原本在库存占用资金上所可能得到的回报。

2）库存服务成本，包括库存的保险和税金。

3）储存空间成本，包括那些和仓储空间相关的随着库存水平而变动的成本。

4）库存风险成本，包括过期、偷盗、库存系统内的移动和损坏。适当的包装可以减少损坏和偷盗的成本，便于移动，并有助于防止产品过期。

2. 物流成本管理的特点

（1）物流成本的冰山现象。物流成本正如浮在水面上的冰山，人们所能看见的向外支付的物流费用好比冰山的一角，而大量的是人们所看不到的沉在水下的企业内部消耗的物流费用，当水下的物流损耗越深反而露出水面的冰山就越小，将各种问题掩盖起来。这种现象只有大力削减库存，才能将问题暴露并使之得到解决。这就是物流成本的冰山现象。

（2）物流成本削减的乘法效应。假定销售 100 亿元，物流成本为 10 亿元，如物流成本下降 1 亿元，就可得到 1 亿元的收益。这个道理是不言自明的。现在假定物流成本占销售金额的 1%，如物流成本下降 1 亿元，销售金额将增加 100 亿元。这样，物流成本的下降会产生极大的效益。

物流成本是以物流活动的整体为对象的，是唯一基础性的、可以共同使用的基本数据。可以说物流成本，是进行物流管理，使物流合理化的基础。

（3）物流成本的效益背反。物流成本的效益背反指的是物流系统的若干功能要素之间存在着交替损益的矛盾，即某一个功能要素的优化和利益发生的同时，往往会存在另一个或另几个功能要素的利益损失。这种此涨彼消，此盈彼亏的现象，在许多领域都存在着，但物流领域中，更为常见和普遍。

3. 物流成本构成

ABC（物流作业成本法）仅仅追踪了特定产品、服务或者客户的管理费用和直接成本。成本追踪遵循两个阶段流程：第一阶段根据特定仓储活动中消耗的每种资源数量来分配资源成本；第二阶段将仓储活动成本根据产品、服务或者客户所消耗活动的实际消耗量来分配。

ABC 分解了传统的成本科目，重新用成本来表明资源实际上是如何消耗的，如图 1—6 所示。

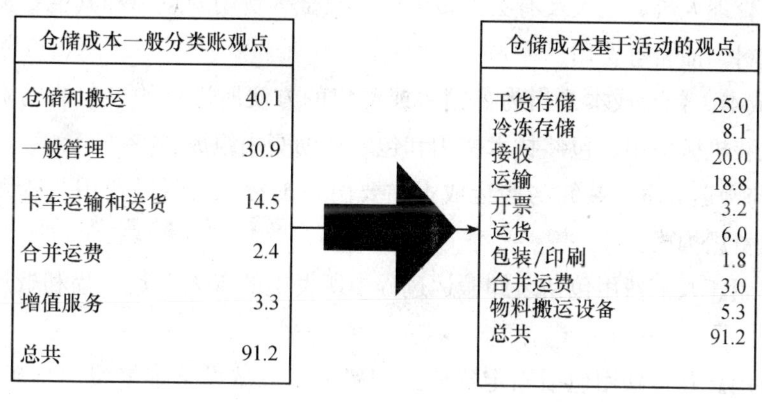

图 1—6 传统成本方法与作业成本法的比较

（1）按物品流通的环节分类

1）运输成本。运输成本是指一定时期内企业为完成货物运输业务而发生的全部费用。主要由人工费用、营运费用和其他营运费用构成。

2）流通加工成本。流通加工成本主要由流通加工设备费用、流通加工材料费用、流通加工劳务费用和流通加工其他费用构成。

①流通加工设备费用，即流通加工设备购置的费用。

②流通加工材料费用，指在流通加工过程中，投入到加工过程中的一些材料消耗所需要的费用。

③流通加工劳务费用，即在流通加工过程中从事加工活动的管理人员、工人及有关人员工资、奖金等费用的总和。

④流通加工其他费用，指流通加工中耗用的电力、燃料、油料等费用。

3）配送成本。配送成本指配送过程中所支付的费用总和，由配送运输费用、分拣费用、配装费用和流通加工费用构成。

①配送运输费用，包括车辆费用和营运间接费用两项。车辆费用是指从事配送运输活动而发生的各项费用。营运间接费用是指营运过程中发生的不能直接计入各成本计算对象的站、队经费。

②分拣费用，包括分拣直接费用和分拣间接费用。分拣直接费用指从事分拣工作的作业人员及有关人员工资、奖金、补贴等费用的总和。分拣间接费用是配送分拣管理部门为管理和组织分拣生产，需要由分拣成本负担的各项管理费用和业务费用。

③配装费用，包括配装材料费用、配装辅助费用和配装人工费用三部分。

④流通加工费用，包括流通加工设备费用、流通加工材料费用、在流通加工过程中从

事加工活动的管理人员、工人及有关人员工资、奖金等费用的总和和其他在流通加工中耗用的电力、燃料、油料等费用。

4）包装成本。包装成本是指为了销售或配售的方便所进行的再包装的费用，由包装材料费用、包装机械费用、包装技术费用和包装辅助费用组成。

5）装卸与搬运成本。装卸与搬运成本主要由人工费用、营运费用、装卸搬运合理损耗费用和其他费用构成。

①人工费用。人工费用包括装卸搬运过程中所发生的工人工资、福利费用、奖金、津贴和补贴等。

②营运费用。营运费用包括固定资产折旧费用、机械设备维修费用、能源消耗费用、材料费用等。

③装卸搬运合理损耗费用。如装卸搬运过程中的货物破损、散失、损耗等费用。

④其他费用。其他费用包括办公费用、差旅费用、保险费用、相关税金等。

6）仓储成本。仓储成本包括仓储持有成本、缺货成本和在途库存持有成本。

①仓储持有成本。仓储持有成本是指为了保持合适的库存而发生的成本，分为固定成本和变动成本。

②缺货成本。缺货成本即由于库存供应中断而造成的损失，包括因原材料供应中断造成停工损失、产成品库存缺货造成的延迟发货损失和丧失销售机会的损失等。

③在途库存持有成本。在途库存持有成本包括资本成本、储藏空间成本、库存服务成本和存货风险成本。

（2）按物流成本性态划分

1）变动成本。变动成本是指成本总额随业务量的增减变化而近似呈正比例增减变化的成本。

变动成本具有两个特征：一是变动成本总额的正比例变动性，即变动成本总额随业务量的变化而呈正比例变化；二是单位变动成本的不变性，即在业务量不为零时，单位变动成本不受业务量的增减影响而保持不变。

2）固定成本。固定成本是指在一定业务量范围内，成本总额与业务量的增减变化无关的成本，例如固定资产折旧费、管理部门的办公费等。这类成本的特征是在物流系统正常经营的条件下，这些成本是必定要发生的，而且在一定的业务量范围内基本保持稳定。

固定成本有两个特征：一是固定成本总额的不变性，即固定成本总额不随业务量的增减而变动；二是单位固定成本的反比例变动性，即单位固定成本随业务量的增减而呈反比例变动。

（3）按物流成本是否具有可控性分类

1）可控成本。可控成本是指考核对象能够控制的成本。例如，包装部门的经营管理水平与包装材料的耗用量相关，而与包装设备的折旧费无关，所以，包装材料费是包装部门的可控成本，而包装设备折旧费是不可控成本。由于可控成本对各责任中心来说是可以控制的，因而必须对其负责。

2）不可控成本。不可控成本是指考核对象对成本的发生不能予以控制，因而也不予负责的成本。例如上述的包装设备的折旧费。除此之外，物流成本还存在其他一些分类方式，如按物流成本支付形态可分为材料费、人工费、公益费、维护费、一般经费、特殊经费和委托物流费用；按物流活动范围可分为供应物流费、企业内物流费、销售物流费、退货物流费和废弃物物流费等。

4. 影响企业物流成本的因素

影响物流成本的因素很多，如互联网、卫星等现代信息手段对物流的影响、库存控制、运输方式选择、物流业务的优化、订货周期（物流周期）、产品本身（价值、密度、特性、危险品、鲜活、易碎）。下面主要从产品因素、物流服务、核算方式以及物流运作方式四个方面来说明：

（1）产品因素。企业的产品是企业的物流对象，因此，企业的产品是影响物流成本的首要因素。不同企业的产品，在产品的种类、属性、重量、体积、价值和物理、化学性质方面都可能不同，这些对企业的物流活动如仓储、运输、物料搬运的成本问题均会产生不同的影响。

（2）物流服务。物流服务对企业物流成本也是有影响的。随着市场竞争的加剧，物流服务越来越成为企业创造持久竞争优势的有效手段。更好的物流服务会增加收入，但同时也会提高物流成本。例如：为改进顾客服务水平，通常使用溢价运输，这对总成本的影响是双方面的：运输成本上涨以反映更高的运输费用；库存费用下跌以反映由于较低的临时库存而导致平均库存的减少。

（3）核算方式。各企业不同的会计记账需要导致了对于物流成本目前存在着很多不同的核算方式，从而使各企业的物流成本除了“量”的差异外，还存在着“质”的差异。我国尚未建立起企业物流成本的核算标准。在日本，虽然对物流成本的核算已经有了一套成型的标准，但该标准并不是只统一了一种标准，而是提供了三种不同类别的核算方式的标准，从不同角度对物流成本进行归集和对比，以指导和适应不同企业对于物流成本核算的要求。

（4）物流运作方式。企业的物流运作方式分自营物流和外包物流两种。随着市场竞争的加剧，企业的物流运作方式从最初的所有物流业务全部自营，逐渐发展为部分物流业务的外包直至全部外包。其重要原因就是希望通过外包寻求企业物流成本的降低。

5. 降低物流成本的途径

（1）混合策略。混合策略是指配送业务一部分由企业自身完成。采用混合策略，合理安排企业自身完成的配送和外包给第三方完成的配送，能使配送成本最低。

例如，美国一家干货生产企业为满足遍及全美的 1 000 家连锁店的配送需要，建造了 6 座仓库，拥有车队。随着经营的发展，计划在芝加哥投资 700 万美元再建一座新仓库，并配以新型处理系统时，发现不仅成本高，而且满足不了需要。于是就近租用公共仓库，增加必要设备，总投资只需 20 万美元的设备购置费，10 万美元的外包运费，加上租金，没有达到 700 万美元。

（2）差异化策略。差异化策略的指导思想是：产品特征不同，顾客服务水平也不同。当企业拥有多种产品时，不能对所有产品都按同一标准的顾客服务水平来配送，而应按产品的特点、销售水平，来设置不同的库存、不同的运输方式以及不同的储存地点，忽视产品的差异性会增加不必要的配送成本。

例如，一家生产化学品添加剂的公司，为降低成本，按各种产品的销售量比重进行分类：A 类产品的销售量占总销售量的 70%以上，B 类产品占 20%左右，C 类产品则为 10%左右。对 A 类产品，公司在各销售网点都备有库存，B 类产品只在地区分销中心备有库存而在各销售网点不备有库存，C 类产品连地区分销中心都不设库存，仅在工厂的仓库才有存货。经过一段时间的运行，事实证明这种方法是成功的，企业总的配送成本下降了 20%之多。

（3）合并策略

1）配送方法上的合并。企业在安排车辆完成配送任务时，充分利用车辆的容积和载重量，做到满载满装，这是降低成本的重要途径。

2）共同配送。共同配送是一种产权层次上的共享，也称集中协作配送。它是几个企业联合，集小量为大量，共同利用同一配送设施的配送方式。

（4）延迟策略。传统的配送计划安排中，大多数的库存是按照对未来市场需求的预测量设置的，这样就存在着预测风险，当预测量与实际需求量不符时，就出现库存过多或过少的情况，从而增加配送成本。

延迟策略的基本思想就是对产品的外观、形状及其生产、组装、配送应尽可能推迟到接到顾客订单后再确定。一旦接到订单就要快速反应，采用延迟策略的一个基本前提是信息传递要非常快。

（5）标准化策略。标准化策略就是尽量减少因品种多变而导致附加配送成本，尽可能多地采用标准零部件、模块化产品。如服装制造商按统一规格生产服装，直到顾客购买时才按顾客的身材调整尺寸大小。采用标准化策略要求厂家从产品设计开始就要站在消费者的立场考虑节省配送成本，而不要等到产品定型生产出来了才考虑采用什么技巧降低配送成本。

二、物流质量

1. 物流质量的定义

物流质量的内涵丰富，其主要内容包括：

（1）商品质量。商品质量指商品运送过程中对商品原有质量（数量、形状、性能等）的保证，尽量避免破损，而且现代物流由于采用流通加工等手段，可以改善和提高商品质量。

（2）物流服务质量。物流服务质量指物流企业对用户提供服务，使用户满意的程度。如现在许多第三方物流公司都采用全球定位系统，能使客户对货物的运送情况进行随时跟踪。由于信息和物流设施的不断改善，企业对客户的服务质量必然不断提高。

（3）物流工作质量。物流工作质量是指物流服务各环节、各工种、各岗位具体的工作质量。这是相对于企业内部而言的，是在一定标准下的物流质量的内部控制。

（4）物流工程质量。物流工程质量是指把物流质量体系作为一个系统来考察，用系统论的观点和方法，对影响物流质量的诸要素进行分析、计划，并进行有效控制。这些因素主要有：人的因素、体制因素、设备因素、工艺方法因素、计量与测试因素以及环境因素等。

物流质量衡量体系如图1—7所示。

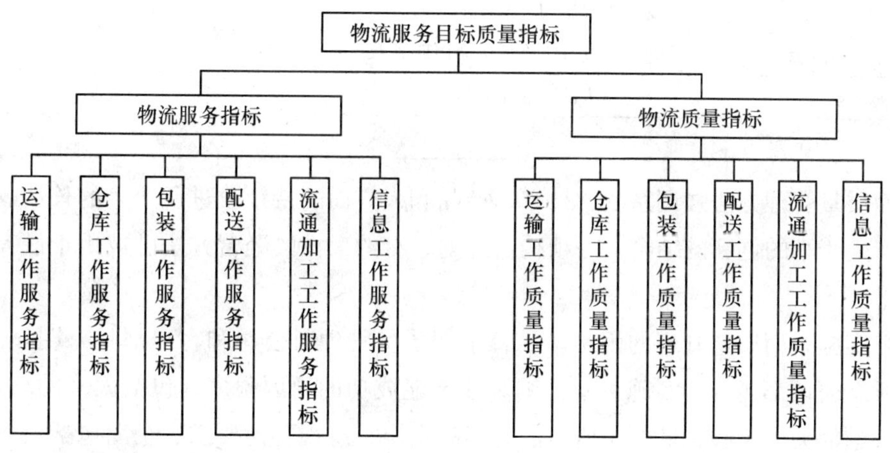

图1—7　物流质量衡量体系

2. 物流质量管理的特点

（1）全面质量管理（Total Quality Management，TQM）的定义。全面质量管理被定义为：物流质量管理是一种全面质量管理，全面质量管理是定量和人力资源的应用，旨在改善现在和将来向组织供应的物料服务、组织内部的全部过程及满足客户的程度。全面质量管理将基本的管理技巧、现有的改进努力和技术工具结合成统一的方法，该方法的目标是不断改进。

全面质量管理对物流中的物料流动而言具有特别的重要性。许多权威都强调了业务中质量的重要性，包括 W. Edwards Deming 和 Philip B. Crosby。此外，美国商务部的 Baldrige 全国质量奖计划也促进了公司对质量的关注。传统的质量概念已经被修正，并形成了表 1—1 所示的全面质量管理方法。

表 1—1　**全面质量管理和物流之间的关系**

全面质量管理	物流
提供全面质量管理环境	运用系统的、集成的、一致的组织范围的视角让客户满意
减少长期浪费	强调“第一次就要做对”
涉及每个人、每件事	涉及几乎每个过程
培养供应商和客户关系	知道供应商和客户关系的重要性；客户关系的关键。客户关系直接依赖于培训、文件管理、维护、供应支持、支持设备、运输、人力、计算机和设施
创造持续改进的体系	运用物流支持分析，持续地改进系统
质量作为设计的要素	通过强调以人力和技术的最佳组合实现可靠性、可维持性、支持力等来影响设计
不断地提供培训	为每个人提供连续的技术培训
防止错误的长期持续努力	通过质量提升来降低生命周期成本
鼓励团队合作	强调所有人的集成化的努力
满足内外部客户	客户第一

全面质量管理方法强调系统、计划、产品和人方面的持续改进所产生的长期收益。改进通常产生于小的创新的结合。一项构造好的、有约束性的经营方法已被用于最大化客户服务水平。

（2）实施全面质量管理的困难。尽管全面质量管理对公司和客户都具有明显的优点，但并非所有公司都能成功实施。实施困难或不能成功的原因很多，包括太多的培训要求、对人事问题的关注不够、低估了所需的时间和资源、忽视客户要求、企图包括太多的要素及未能与公司核心价值和竞争力结合起来。

表 1—1 解释了全面质量管理和物流之间的关系。表中各项目背后的观点是经营哲学。它类似于营销概念、成本权衡分析和系统方法。每一项都是一种经营定位或方法，并影响

着个人、部门和组织计划、行动，并控制着营销和物流活动。因此，物流所涉及的每一个人在向供应商、客户和卖主提供质量时都必须理解自身的作用。

(3) 全面质量管理成功的关键。全面质量管理成功的关键在于持续的努力，这些努力导致组织内部和外部更高的质量和更好的客户支持水平。它通常要求一种文化变革，因为当今的多数组织关注的是行为而非过程的改进。

更重要的是，全面质量管理要求员工的成功参与。没有员工参与，核心目标就难以实现。高层经理的承诺和领导确保员工建议得到注意是必要的。各层次的承诺是保证组织“引擎”工作的“油料”。

如前文所提到的，全面质量管理是一个过程，它涉及几乎每一项物流活动，并要求从系统的、集成的和一致的组织视角来满足客户要求。全面质量管理还强调持续的努力，过程起始于确定物流的要求（例如客户服务水平、库存水平、运输策略等）。这些要求是物流督察的结果。

要求被确认后，过程要不断地检查以找到改进的途径。例如，根据历史信息，供应商评价标准可能被修正，入厂物流策略可能被修正，很可能与挑选的卖主或供应商建立 JIT（Just in Time，JIT）关系，即建立无库存生产方式的关系。

在物料管理环境中实施全面质量管理为许多公司带来了显著的收益。麦道公司采用了全面质量管理概念并将废料减少了 58%。波音公司弹道系统部将部件和物料等待时间减少了 30%，并将物料储存从 12%减少到 0。AT&T 公司将产品缺陷率和全部过程时间分别减少了 30%和 46%。惠普公司通过全面质量管理将废料减少了 75%，并减少了 60%的产品失败。

简言之，全面质量管理和物流是相互关联的，企业通过运用全面质量管理概念来管理和控制物流是非常关键的。

3. 物流质量的衡量

如何衡量物流质量是物流管理的重点。物流质量的保证首先建立在准确有效的质量衡量上。大致说来，物流质量主要从以下三个方面来衡量：

(1) 物流时间。时间的价值在现代社会的竞争中越来越凸显出来，谁能保证时间的准确性，谁就赢得了客户。由于物流的重要目标是保证商品送交的及时，因此时间成为衡量物流质量的重要因素。

(2) 物流成本。物流成本的降低不仅是企业获得利润的源泉，也是节约社会资源的有效途径。在国民经济各部门中，因各部门产品对运输的依赖程度不同，运输费用在生产费用中所占比重也不同。

(3) 物流效率。物流效率对于企业来说，指的是物流系统能否在一定的服务水平下满足客户的要求，也是指物流系统的整体构建。对于社会来说，衡量物流效率是一件复杂的事情。因为社会经济活动中的物流过程非常复杂，物流活动内容和形式不同，必须采用不同的方法去分析物流效率。我们用物流相关行业的成本费用总和与国民生产总值的比值来评价物流总体效率。

4. 物流质量指标体系

由于物流质量是衡量物流系统的重要方面，所以发展物流质量的指标体系对控制和管理物流系统来说至关重要。物流质量指标体系的建立必须以最终目的为中心，是围绕最终目标发展出来的一定的衡量物流质量的指标。

一般说来，物流服务质量指标包括物流工作质量指标和物流系统质量指标两个系列。以这两个指标为纲，在各工作环节和各系统中又可以制定一系列“分目标”的质量指标，从而形成一个质量指标体系。整个质量指标体系犹如一个树状结构，既有横向的扩展，又有纵向的挖掘。横向的主干是为了将物流系统的各个方面的工作都包括进去，以免遗漏；纵向的是为了将每个工作的质量衡量指标具体化，便于操作。没有横向的扩展就不能体现其广度，没有纵向的挖掘就不能体现其深度。这里从物流服务的最终目标列出一些服务指标，供大家参考。

（1）服务水平指标。由于满足客户的要求需要一定的成本，并且随着客户服务达到一定的水平，再想提高服务水平时，企业往往要付出更大的代价，所以企业出于利润最大化的考虑，往往只满足一定的订单，由此便产生了服务水平指标。可以想见，服务水平越高，企业满足订单的次数与总服务次数之比就越高。

（2）满足程度指标。服务水平指标衡量的是企业满足订单的次数的频率，但由于每次订货数量的不同。所以仅以此来衡量是不完全的，于是就产生了满足程度指标，即企业能够满足的订货数量与总的订货数量的比。

（3）交货水平指标。我们知道，时间的准确性对于物流来说，是衡量其质量的重要方面，因此建立交货水平指标也很重要。它是指按期交货次数与总交货次数的比率。

（4）交货期质量指标。它衡量的是满足交货的时间因素的程度，即实际交货期与规定交货期相差的日数（天）或时数（时）。

（5）商品完好率指标。保持商品的完好对于客户来说是很重要的，即交货时完好商品量或缺损商品量与总交货商品量的比率（%）。宝洁公司在进入中国市场初期，其货物都是通过铁路运输的，由于中国缺乏专业的物流公司，因而其商品完好率很低。也可以用“货损货差赔偿费率”来衡量商品的破损给公司带来的损失，对于一个专业的物流公司来说，由于自身的服务水平有限导致商品的破损，要付出一定的赔偿金额，这部分金额占同期业务收入总额的比率（%）即是“货损货差赔偿费率”。

（6）物流吨费用指标。物流吨费用指标即单位物流量的费用（元/吨），这一指标比同行业的平均水平低，说明运送相同吨位货物费用较低，公司就拥有更高的物流效率，其物流质量较高。

三、物流服务

企业的存在就是为了满足客户某方面的需要，为客户提供产品和服务，而物流服务是保证企业能有效提供优质服务的基础。面对日益激烈的竞争和消费者价值取向的多元化，企业管理者已发现加强物流管理、改进客户服务是创造持久的竞争优势的有效手段。

1. 物流服务的重要性

物流服务的重要性主要体现在：

（1）物流是企业生产和销售的重要环节，是保证企业高效经营的重要方面。对于一个制造型企业来说，物流包括从采购、生产到销售这一供应链环节中所涉及的仓储、运输、搬运、包装等各项物流活动，它贯穿于企业活动始终。只有物流的顺畅，才能保证企业的正常运行。同时，物流服务还是提高企业竞争力的重要方面，及时准确地为客户提供产品和服务，已成为企业之间除了价格以外的重要竞争因素。

（2）物流服务水平不同，物流的形式将随之而变化，因此，物流服务水平是构建物流系统的前提条件。企业的物流网络如何规划，物流设施如何设置，物流战略怎样制定，都必须建立在一定的物流服务水平之上。不确定一定的物流服务水平而空谈物流，是“无源之水，无本之木”。

（3）物流在降低成本方面起着重要的作用。物流成本的降低必须首先考虑物流服务水平，在保证一定物流服务水平的前提下尽量降低物流成本。从这个意义上说，物流服务水平是降低物流成本的依据。

（4）物流服务起着连接厂家、批发商和消费者的作用，是国民经济不可缺少的部分。

2. 物流服务分类

随着物流的不断发展，人们对物流的认识不断加深，物流服务的各项功能越来越多地被人们开发出来，逐渐得到企业和社会的关注，也成为客户选择服务时的参考因素。物流服务可分为基本物流服务和增值服务。

（1）基本物流服务

1）运输功能。运输功能是物流服务的基本服务内容之一，物流的主要目的就是要满足客户在时间和地点两个条件下对一定货物的要求，时间的变换和地点的转移是实现物流价值的基本因素。企业既可以通过拥有自己车辆的方式自己设计运输系统，也可将这项物流业务外包给第三方专业物流公司。专业的物流公司一般自己拥有或掌握有一定规模的运输工具，具有竞争优势的第三方物流经营者的物流设施不仅仅只在一个点上，而是一个覆盖全国或一个大的区域的网络，因此，第三方物流服务公司首先可能要为客户设计最合适的物流系统，选择满足客户需要的运输方式，然后具体组织网络内部的运输作业，在规定的时间内将客户的商品运抵目的地。除了在指定交货点的交货需要客户配合外，整个运输过程，包括最后的市内配送都可由第三方物流经营者完成。

2）保管功能。这是物流服务的第二大职能，它实现了物流的时间价值。对于企业来说，保管功能是通过一定的库存来实现的。与运输一样，企业既可以构建自己的仓库，或租用仓库，来对产品进行管理，也可以交给第三方物流来完成这项功能。决策必须是在综合考虑了各方面因素的情况下作出的，最主要的目的是利益最大化。在由运输路线和仓库组成的物流网络中，库存处于结点的位置。

3）配送功能。这是物流服务的第三大职能。配送是将货物送交收货人的一种活动，目的是要做到收发货经济，运输过程更为完善，保持合理库存，为客户提供方便，可以降低缺货的危险，减少订发货费用。

4）装卸功能。这是为了加快商品的流通速度必须具备的功能，无论是传统的商务活动还是电子商务活动，都必须配备一定的装卸搬运能力。第三方物流公司应该提供更加专业化的装载、卸载、提升、运送、码垛等装卸搬运机械，以提高装卸搬运作业效率，降低订货周期，减少作业对商品造成的破损。

5）包装功能。物流的包装作业目的不是要改变商品的销售包装，而在于通过对销售包装进行组合形成适于物流和配送的组合包装单元。

6）流通加工功能。流通加工的主要目的是方便生产或销售。专业化的物流中心常常与固定的制造商或分销商进行长期合作，为制造商或分销商完成一定的加工作业，比如贴标签、制作并粘贴条形码等。

7）信息处理功能。由于计算机介入现代物流系统的运作，因此可以将物流各个环节及各种物流作业的信息进行实时采集、分析、传递，并向货主提供各种作业明细信息及咨询信息，这是相当重要的。

(2）增值服务。增值服务是为了满足客户的要求，向这些客户提供完美订货的承诺。增值服务表现在为了完成完美订货而提供的各种可选方案上。增值服务是竞争力强的企业区别于一般小企业的重要方面。例如丰田汽车公司提出一个星期的交货期，在基本服务的基础上为客户提供了其他公司无法做到的增值服务；摩托罗拉公司可以根据客户的要求生产出定做的产品，这也为客户提供了增值服务。增值服务的特点就是，在提供基本服务的基础上，满足更多的客户期望，为客户提供更多的利益和不同于其他企业的优质服务，它是企业的闪光点。物流的增值服务可以分别在以下四个领域中完成：

1）以顾客为核心的服务。以顾客为核心的增值服务是指由第三方物流提供的、以满足买卖双方对于配送产品的要求为目的的各种可供选择的方式。这些增值活动的内容包括：处理顾客向制造商的订货，直接送货到商店或顾客家，以及按照零售商的需要及时地持续补充送货。这类专门化的增值服务可以被有效地用来支持新产品的引入，以及用于当地市场的季节性配送。

2）以促销为核心的服务。以促销为核心的增值服务是指为刺激销售而独特配置的销售点展销台及其他各种服务。销售点展销包含来自不同供应商的多种产品，组合成一个多结点的展销单元，以便于适合特定的零售商品。在许多情况下，以促销为核心的增值服务还包括对储备产品提供特别介绍、直接邮寄促销、销售点广告宣传和促销材料的物流支持等。

3）以制造为核心的服务。以制造为核心的增值服务是通过独特的产品分类和递送来支持制造活动的物流服务。每一个客户进行生产的实际设施和制造装备都是独特的，在理想状态下，配送和内向物流的材料和部件应进行客户定制化。例如，有的厂商将外科手术的成套器具按需要进行装配，以满足特定医师的独特要求。此外，有的仓储公司切割和安装各种长度和尺寸的软管以适合个别客户所使用的不同规格的水泵。这些活动在物流系统中都是由专业人员承担的，这些专业人员能够在客户的订单发生时对产品进行最后定型，利用的是物流的时间延迟。

4）以时间为核心的服务。以时间为核心的增值服务涉及使用专业人员在递送以前对存货进行分类、组合和排序。以时间为核心的增值服务的一种流行形式就是准时化。在准时化概念下，供应商先把商品送进工厂附近的仓库，当需求产生时，仓库就会对由多家供应商提供的产品进行重新的分类排序，然后送到配送线上。以时间为基础的服务，其主要特征就是排除不必要的仓库设施和重复劳动，以便能最大限度地提高服务速度。基于时间的物流战略是竞争优势的一种主要形式。

3. 物流服务水平的衡量

（1）存货可得性。存货可得性是指当客户下订单时所拥有的库存能力。目前，库存储备计划通常是建立在需求预测的基础上的，而对特定产品的储备还要考虑其是否畅销、该产品对整个产品线的重要性、收益率以及商品本身的价值因素等。存货可以分为基本库存和安全库存。可得性的一个重要方面就是厂商的安全库存策略。安全库存的存在是为了应付预测误差和需求等各方面的不稳定性。

许多厂商开发了各种物流安排方案，以提高其满足顾客需求的能力。一家厂商可以经营两个仓库，其中一个指定为主要仓库，而另一个作为后备的供给来源。主要仓库是厂商用于输出其绝大多数产品的地点，以便利用自动化设施、效率及其所处地点的优势。一旦主要仓库发生缺货，就可以利用后援仓库来保证一定的顾客服务水平。

高水准的存货可得性需要进行大量的精心策划，而不仅仅是在销售量预测的基础上给各个仓库分配存货。在库存管理中，有ABC库存策略，其思想就是根据各种存货的重要性不同而保持不同的库存水平。在满足客户订单、对客户进行管理时，我们也可以引入这种思想。因为不同的客户对于企业的重要性是不同的。其关键是要对首选顾客或核心顾客实现高水准的存货可得性，同时实现库存量和仓库设施投资的最小化，可得性可以从以下两个指标来衡量：

1）缺货率。缺货率是指缺货发生的概率。当需求超过产品可得性时就会发生缺货。缺货频率就是用于衡量一种特定的产品需求超过其可得性的次数与订货次数的比例。将全部产品所发生的缺货次数汇总起来，就可以反映一个实现其基本服务承诺的状况。

2）供应比率。供应比率衡量需求满足的程度。有时我们不仅要了解需求获得满足的次数，而且要了解有多少需求量得到了满足，而供应比率就是衡量需求量满足的概率。

（2）物流任务的完成。物流任务的完成可以通过以下三个方面来衡量：

1）速度。完成周期的速度是指从订货起到货物装运，再至实际抵达目的地时的这段时间。根据物流系统的设计不同，完成周期所需的时间会有很大的不同，即使在今天高水平的通信和运输技术条件下，订货周期可以短至几个小时，也可以长达几个星期。但总的来说，随着物流效率的提高，完成周期的速度正在不断地加快。

2）一致性。虽然服务速度至关重要，但大多数物流经理更强调一致性。一致性是指厂商面对众多的完成周期而能按时递送的能力，是履行递送承诺的能力。一致性是物流作业最基本的问题，厂商履行订单的速度如果缺乏一致性，并经常发生波动的话，那就会使得客户摸不着头脑，在制订计划时发生困难。

3）灵活性。作业灵活性是指处理异常顾客服务需求的能力。厂商的物流能力直接关系到处理意外事件的能力。

（3）服务可靠性。物流质量与物流服务可靠性密切相关。物流活动中最基本的质量问题就是如何实现已计划的可得性及作业完成能力。实现物流质量的关键是如何对物流活动进行评价。

4. 物流服务存在的问题及对策

企业在管理物流时，应该注意以下七个方面：

（1）有些企业对物流不够重视，只是把物流服务水平看做是一种销售手段而不作出明确的规定。在很多企业中，并没有专门的物流部门，物流只是在安排生产或销售计划时才会考虑。并且由于各个部门之间存在这样那样的矛盾，使得企业无法从一个系统和全局的高度来看待本企业的物流系统，随着批发商和零售商要求的升级，这种对待物流的态度将使企业无法应对他们的要求。目前，许多企业或是由于销售情况不稳定，或由于没有存放货物的地方，或为了避免货物过时，都在努力削减库存。库存削减必然导致多批次、小批量配送，或多批次补充库存，所以说过度削减可能会使物流成本上升而不是下降。因此，企业必须建立新的物流服务机制，提出物流服务决策。

(2) 许多企业还在用同一物流服务水平对待所有的客户或商品。这样对甲乙丙不进行区分的企业将失去很多来自重要客户的机会，正确的做法应该是把物流服务当作有限的经营资源，在进行分配时，要调查客户的需求，根据对公司销售贡献的大小，将客户分成不同层次，按客户的不同层次，决定不同的服务方式和服务水平。

(3) 物流部门应及时对物流服务进行评估。评估应该是贯穿物流活动始终的一项工作；要随时检查销售部门或客户有没有索赔，有没有误配、晚配，事故或破损等。可以通过征求客户意见的方法，来检查物流是否达到了既定的标准，成本的合理化程度如何，以及是否有更好的方法。

(4) 企业应该从盈亏的角度看待和设计物流系统，而非从单个销售部门的角度来考虑物流系统，因为销售部门容易把物流看做是服务于销售而必须满足其需要的部分。

(5) 整体的物流服务水平在不断变化，顾客对物流的要求也越来越高。今后，为客户提供各种物流过程中的信息也是至关重要的。

(6) 现在的物流应把企业物流放在社会大物流的环境中去，企业应该认真考虑环保、节能、废物回收等社会问题。

(7) 物流服务作为社会系统的重要的一环，越来越受到人们的重视，物流服务是客户服务的重要因素，是与客户进行谈判的条件之一。因此，物流服务水平的确定应作为企业的重要决策。

5. 保证物流服务水平

物流服务作为竞争手段，首先必须超出同行业的其他企业。它不应是防御性的物流，即不应该毫无创新性地模仿他人的做法，而应该是进攻性的，积极地改善物流服务，形成自身的个性。

企业要想设计出具有竞争优势的物流服务，应注意以下四点：

(1) 首先要弄清楚有哪些服务项目，分析不同服务项目的客户满意程度。

(2) 通过问卷调查、专访或座谈等形式，收集有关物流服务信息，了解客户提出的服务要求，他们是否满意等。应该将客户归纳成不同的类型，由于客户特点不同，需要也不同，进行分类时以什么样的特点为基准十分重要。因此，首先要找出那些影响核心服务的特点，并要考虑是否做得到，而且还必须考虑对本企业效益的贡献程度，以及客户的潜在能力等企业经济原则。

按客户类型确定物流服务形式：首先应根据客户的不同类型，制定基本方针。在制定基本方针时要对那些重要的客户重点地给予照顾，同时作盈亏分析。

（3）分析本企业在激烈市场竞争中相对于其他企业的优势和劣势。了解本企业和竞争对手在物流需要上的满意程度一般称为基准点分析。基准点分析即把本企业产品以及这些产品和服务在市场上的供给活动与最强的竞争对手进行比较评估。

（4）建立物流机制，并对整套物流机制进行追踪调查。

四、物流标准化

物流涉及不同国家、地区和不同行业的很多企业，如果每个企业都用自己的基准进行物流活动，必然导致各个企业之间无法沟通，物流很难实现国际化。这好比两个人，一个人只会讲汉语，另一个人只会讲英语，则两者必然无法沟通。物流要实现国际化和通用化，必然要建立一个国际标准。

1. 物流标准化的定义

物流标准化是指在运输、配送、包装、装卸、保管、流通加工、资源回收及信息管理等环节中，对重复性事物和概念通过制定、发布和实施各类标准，达到协调统一，以获得最佳秩序和社会效益。物流标准化包括以下三个方面的含义：

（1）从物流系统的整体出发，制定其各个系统的设施、设备、专用工具等的技术标准，以及业务工作标准。

（2）研究各子系统技术标准和业务工作标准的配合性，按配合性要求，统一整个物流系统的标准。

（3）研究物流系统与其他相关系统的配合性，谋求物流大系统的标准统一。

以上三个方面是分别从不同的物流层次上考虑将物流实现标准化。要实现物流系统与其他相关系统的沟通和交流，在物流系统和其他系统之间建立通用的标准，首先要在物流系统内部建立物流系统自身的标准，而整个物流系统标准的建立又必然包括物流各个子系统的标准。因此，物流要实现最终的标准化必然要实现以上三个方面的标准化。

2. 物流标准化的困难

物流标准化工作复杂，难度大，其主要原因如下：

（1）涉及面广。物流包含了从运输、保管到搬运、包装、信息处理等多方面的内容，因此要实现物流的标准化牵涉到很多方面的问题。

（2）物流标准化系统属于二次系统，或称后标准化系统（物流系统思想形成晚，各子系统已实现了各自的标准化）。由于在不同国家、地区，不同行业之间已经有了存在多年的自身的经营标准，因此，连接这些方面的物流，等于要将这些标准统一起来，所存在的困难可想而知。

（3）有非常强的国际性。因为随着世界经济一体化的到来，地球变为地球村，物流涉及的必然是整个国际的流通，因此，实现物流的标准化，最终要实现国际物流的标准化。

3. 物流标准化的形式

（1）简化。简化是指在一定范围内缩减物流标准化对象的类型数目，使之在一定时间内满足一般需要。如果对产品生产的多样化趋势不加限制地任其发展，就会出现多余、无用和低功能产品品种，造成社会资源和生产力的极大浪费。

（2）统一化。统一化是指把同类事物的若干表现形式归并为一种或限定在一个范围内。统一化的目的是消除混乱。物流标准化要求对各种编码、符号、代号、标志、名称、单位，以及包装运输中机具的品种规格系列和使用特性等实现统一。

（3）系列化。系列化是指按照用途和结构把同类型产品归并在一起，使产品品种典型化；又把同类型的产品的主要参数、尺寸，按优先数理论合理分级，以协调同类产品和配套产品及包装之间的关系。系列化是使某一类产品的系统结构、功能标准化形成最佳形式。系列化是改善物流、促进物流技术发展最为明智而有效的方法。比如按国际标准组织ISO标准制造的集装箱系列，可广泛适用于各类货物，大大提高了运输能力，还为计算船舶载运量、港口码头吞吐量和公路与桥梁的载荷能力等提供了依据。

（4）通用化。通用化是指在互相独立的系统中，选择与确定具有功能互换性或尺寸互换性的子系统或功能单元的标准化形式，互换性是通用化的前提。通用程度越高，对市场的适应性越强。

（5）组合化。组合化是按照标准化原则，设计制造若干组通用性较强的单元，再根据需要进行合拼的标准化形式。对于物品编码系统和相应的计算机程序同样可通过组合化使之更加合理。

4. 物流标准化的分类

根据物流系统的构成要素及功能，物流标准大致可分为三大类：

（1）物流作为一个整体系统，其间的配合应有统一的标准，这些标准主要有：专业计量单位标准；物流基础模数尺寸标准；物流建筑基础模数尺寸；集装模数尺寸；物流专业名词标准；物流核算、统计标准等。

（2）大的物流系统又分为许多子系统，子系统中也要制定一定的技术标准。主要有：运输车船标准，作业车辆（指叉车、台车、手车等）标准，传输机具（如起重机、传送机、提升机等）标准，仓库技术标准，站场技术标准，包装、托盘、集装箱标准，货架、储罐标准等。

（3）工作标准及作业规范，是指对各项工作制定的统一要求及规范化规定，其内容很多，如岗位责任及权限范围，岗位交接程序及作业流程，车船运行时刻表，物流设施、建筑等的检查验收规范等。

5. 国际通用的物流标准举例

（1）物流模数。物流模数是指为了物流的合理化和标准化，而以数值表示的物流系统各种因素的尺寸的标准尺度。它是由物流系统中的各种因素构成的，这些因素包括：货物的成组，成组货物的装卸机械、搬运机械和设备，货车、卡车、集装箱以及运输设施，用于货物保管的机械和设备等。

1）物流基础模数尺寸。物流基础模数尺寸是指为使物流系统标准化而制定的标准规格尺寸。国际标准化组织中央秘书处和欧洲各国确定的物流基础模数尺寸为 400 毫米×600 毫米。确定这样的基础模数尺寸，主要考虑了现有物流系统中影响最大而又最难改变的输送设备，采用“逆推法”，由现有输送设备的尺寸推算的。也考虑了配合已通行的包装模数使用的集装设备，并从行为科学角度研究人和社会的影响，使基础模数尺寸适合于人体操作。基础模数尺寸一经确定，物流系统的设施建设、设备制造，物流系统中各环节的配合协调，物流系统与其他系统的配合，都要以基础模数尺寸为依据，选择其倍数为规定的标准尺寸。

2）物流建筑基础模数尺寸。物流建筑基础模数尺寸是指物流系统中各种建筑物所使用的基础模数尺寸。它是以物流基础模数尺寸为依据而确定的，也可以选择共同的模数尺寸。该尺寸是设计物流建筑物长、宽、高尺寸，门窗尺寸，建筑物立柱间距、跨度及进深等尺寸的依据。

3）集装模数尺寸。集装模数尺寸也称物流模数尺寸，是指在物流基础模数尺寸基础上，推导出的各种集装设备的基础尺寸，作为设计集装设备三项（长、宽、高）尺寸的依据。在物流系统中，集装起贯穿作用，集装尺寸必须与各环节物流设施、设备、机具相匹配。因此，整个物流系统设计时往往以集装模数尺寸为依据，决定各设计尺寸。集装模数尺寸是影响和决定物流系统标准化的关键。

（2）物流托盘化。由于各种货物的尺寸不同，为了便于货物的运输、搬运，往往先把不同尺寸的货物放在托盘中，而将托盘标准化。托盘化最基本的目的是把成为物流对象的货物的尺寸统一起来。目前托盘的尺寸主要有 1 200 毫米×1 000 毫米、1 100 毫米×1 100 毫米、1 200 毫米×800 毫米、1 140 毫米×1 140 毫米等几种。

（3）EDI 标准。EDI 即电子数据交换系统。目前贸易中的许多信息都依靠 EDI 进行数据传递。简单地说，利用结构合理化、标准化地使用计算机处理的商务文件，企业与企业之间通过计算机网络直观地进行信息交流，企业之间可用这种方法实施含物流在内的低成本，简单迅速地相互交易。但要做到这一点，就需要电子信息交换用的标准规则，这就是

EDI 标准。

6. 物流标准化的重要性

随着国际经济一体化的发展，物流的飞速发展带来了物流的全球化。而物流标准的不统一正成为物流中的一个难题。各个国家各自为政，甚至一个国家的不同地区之间也存在不同的物流标准，这必然严重阻碍了物流的发展，也成为国际经济发展的桎梏。因此，制定统一的标准，成为物流进步的重要一环。只有实现了物流标准化，才能有效地实施物流系统的科学管理，加快物流系统建设，促进物流系统与其他系统的衔接，有效地降低物流费用，提高物流系统的经济效益和社会效益。物流标准化的重要性具体体现在：

（1）物流标准化是实现物流管理现代化的重要手段和必要条件。物料从厂商的原料供应、产品生产，经市场流通到消费环节，再到回收再生，是一个综合的大系统。由于社会分工日益细化，物流系统的高度社会化显得更加重要。为了实现整个物流系统的高度协调统一，提高物流系统管理水平，必须在物流系统的各个环节制定标准，并严格贯彻执行。在我国，以往同一物品在生产领域和流通领域的名称和计算方法互不统一，严重影响了我国的物资流通，国家标准《全国工农业产品（商品、物资）分类与代码》的发布，使全国物品名称及其标识代码有了统一依据和标准，有利于建立全国性的经济联系，为物流系统的信息交换提供了便利条件。2001 年出版发行《物流术语》一书，这是国内物流的第一个基础性的标准。

（2）物流标准化是物流产品的质量保证。物流活动的根本任务是将工厂生产的合格产品保质保量并及时地送到用户手中。物流标准化对运输、保管、配送、包装、装卸等各个子系统都制定了相应标准，形成了物流质量保证体系，只要严格执行这些标准，就能将合格的物品送到用户手中。

（3）物流标准化是降低物流成本、提高物流效益的有效措施。物流的高度标准化可以加快物流过程中运输、装卸的速度，降低保管费用，减少中间损失，提高工作效率，因而可获得直接或间接的物流效益，否则就会造成经济损失。我国铁路与公路在使用集装箱统一标准之前，运输转换时要“倒箱”，全国“倒箱”数量很高，为此损失巨大。

（4）物流标准化是我国物流企业进军国际物流市场的通行证。物流标准化已是全球物流企业提高国际竞争力的有力武器。我国物流企业在物流标准化方面仍十分落后，面临加入世界贸易组织（WTO）后带来的物流国际化挑战，实现物流标准的国际化已成为我国物流企业开展国际竞争的必备资格和条件。

（5）物流标准化是消除贸易壁垒、促进国际贸易发展的重要保障。在国际经济交往中，各国或地区标准不一是重要的技术贸易壁垒，严重影响国家进出口贸易的发展。因此，要使国际贸易更快发展，必须在运输、保管、配送、包装、装卸、信息，甚至资金结算等方面采用国际标准，实现国际物流标准统一化。

五、供应链战略管理

1. 供应链管理

（1）供应链的概念和特征

1）供应链的定义。供应链目前尚未形成统一的定义，许多学者从不同的角度出发给出了许多不同的定义。

早期的观点认为供应链是制造企业中的一个内部过程，它是指把从企业外部采购的原材料和零部件，通过生产转换和销售等活动，再传递到零售商和用户的一个过程。传统的供应链概念局限于企业的内部操作层上，注重企业自身的资源利用。

有些学者把供应链的概念与采购、供应管理相关联，用来表示与供应商之间的关系，这种观点得到了研究合作关系、JIT 关系、精细供应、供应商行为评估和用户满意度等问题的学者的重视。但这样一种关系也仅仅局限在企业与供应商之间，而且供应链中的各企业独立运作，忽略了与外部供应链成员企业的联系，往往造成企业间的目标冲突。

后来供应链的概念注意了与其他企业的联系，注意了供应链的外部环境，认为它应是一个"通过链中不同企业的制造、组装、分销、零售等过程将原材料转换成产品，再到最终用户的转换过程"，这是更大范围、更为系统的概念。例如，美国的史迪文斯认为："通过增值过程和分销渠道控制从供应商的供应商到用户的用户的流就是供应链，它开始于供应的源点，结束于消费的终点。"伊文斯认为："供应链管理是通过前馈的信息流和反馈的物料流及信息流，将供应商、制造商、分销商、零售商，直到最终用户连成一个整体的模式。"这些定义都注意了供应链的完整性，考虑了供应链中所有成员操作的一致性（链中成员的关系）。

而到了最近，供应链的概念更加注重围绕核心企业的网链关系，如核心企业与供应商、供应商的供应商乃至与一切前向的关系，与用户、用户的用户及一切后向的关系。此时对供应链的认识形成了一个网链的概念，像丰田、耐克、尼桑、麦当劳和苹果等公司的供应链管理都从网链的角度来实施。哈理森进而将供应链定义为："供应链是执行采购原材料，将它们转换为中间产品和成品，并且将成品销售到用户的功能网链。"这些概念同时强调供应链的战略伙伴关系问题。菲利浦和温德尔认为供应链中战略伙伴关系是很重要的，通过建立战略伙伴关系，可以与重要的供应商和用户更有效地开展工作。

在研究分析的基础上，我们给出一个供应链的定义：供应链是围绕核心企业，通过对信息流、物流、资金流的控制，从采购原材料开始，制成中间产品以及最终产品，最后由销售网络把产品送到消费者手中的将供应商、制造商、分销商、零售商、直到最终用户连成一个整体的功能网链结构模式。它是一个范围更广的企业结构模式，它包含所有加盟的节点企业，从原材料的供应开始，经过链中不同企业的制造加工、组装、分销等过程直到最终用户。它不仅是一条联接供应商到用户的物料链、信息链、资金链，而且是一条增值链。物料在供应链上因加工、包装、运输等过程而增加其价值，给相关企业都带来收益。

供应链是指生产及流通过程中，涉及将产品或服务提供给最终用户活动的上游与下游企业所形成的网链结构（物流术语国家标准）。

2）供应链的特征。从供应链的结构模型可以看出，供应链是一个网链结构，由围绕核心企业的供应商、供应商的供应商和用户、用户的用户组成。一个企业是一个节点，节点企业和节点企业之间是一种需求与供应关系。供应链主要具有以下特征：

①复杂性。因为供应链节点企业组成的跨度（层次）不同，供应链往往由多个、多类型甚至多国企业构成，所以供应链结构模式比一般单个企业的结构模式更为复杂。

②动态性。供应链管理因企业战略和适应市场需求变化的需要，其中节点企业需要动态的更新，这就使得供应链具有明显的动态性。

③面向用户需求。供应链的形成、存在、重构，都是基于一定的市场需求而发生，并且在供应链的运作过程中，用户的需求拉动是供应链中信息流、产品/服务流、资金流运作的驱动源。

④交叉性。节点企业可以是这个供应链的成员，同时又是另一个供应链的成员，众多的供应链形成交叉结构，增加了协调管理的难度。

（2）供应链管理的定义。供应链管理即利用计算机网络技术全面规划供应链中的商流、物流、信息流、资金流等，并进行计划、组织、协调与控制等。

供应链管理是用系统的观点通过对供应链中的物流、信息流和资金流进行设计、规划、控制和优化，以寻求建立供、产、销企业以及客户间的战略合作伙伴关系，最大限度地减少内耗与浪费，实现供应链整体效率的最优化并保证供应链成员取得相应的绩效和利益，来满足顾客需要的整个管理过程。

（3）供应链管理的原则。供应链管理的基本原则共有七条，具体包括：

1）根据客户所需的服务特性来划分客户群。传统意义上的市场划分基于企业自己的状况，如行业、产品和分销渠道等，企业随后对同一区域的客户提供相同水平的服务；而供应链管理则强调根据客户的状况和需求来决定服务方式和水平。

2）设计企业的后勤网络。例如，根据客户需求和企业可获利情况，一家造纸公司发现两个客户群存在截然不同的服务需求：大型印刷企业允许较长的提前期，而小型地方印刷企业则要求在 24 小时内供货。于是它建立了 3 个大型分销中心和 46 个紧缺物品快速反应中心。

3）倾听市场的需求信息。销售和营运计划必须监测整个供应链，以便及时发现需求变化的早期警报，并据此安排和调整计划。

4）时间延迟。由于市场需求的剧烈波动，距离客户接受最终产品和服务的时间越远，需求预测就越不准确，而企业还不得不维持比较大的中间库存。例如，在实施大批量客户化生产的过程中，一家洗涤用品企业首先在企业内将产品加工完毕，然后才在零售店完成最终的包装。

5）与供应商建立双赢的合作策略。迫使供应商相互压价，固然会使企业在价格上有所收益，但相互协作则可以在根本上降低整个供应链的成本。

6）在整个供应链领域建立信息系统。企业的信息系统首先应该处理日常事务和电子商务；然后支持多层次的决策信息，如需求计划和资源规划等；最后应该根据大部分来自企业之外的信息，进行前瞻的策略分析。

7）建立绩效考核准则。企业应该在整个供应链的范围内建立绩效考核准则，而不应该仅仅依据个别企业建立局部、孤立的标准，供应链的最终验收标准是客户的满意程度。

2. 供应链结构模型

按照供应链的定义，产品生产到消费的全过程是一个非常复杂的网链模式，覆盖了从原材料供应商、零部件供应商、产品制造商、分销商、零售商直至最终客户的整个过程。

根据供应链的实际运行情况，在一个供应链系统中，有一个企业处于核心地位。该企业起着对供应链上的信息流、资金流和物流的调度和协调中心的作用。从这个角度出发，供应链系统的结构可以具体地表示为如图 1—8 所示的形状。

从图 1—8 中可以看出，供应链由所有加盟的节点企业组成，其中有一个核心企业(可以是制造型企业如汽车制造商，也可以是零售型企业如美国的沃尔玛)，其他节点企业在需求信息的驱动下，通过供应链的职能分工与合作（生产、分销、零售等)，以资金流、物流或/和服务流为媒介实现这个供应链的不断增值。

通过以上介绍可以看出，供应链是人类生产活动的一种客观存在。但是，过去这种客观存在的供应链系统一直处于一种自发的、松散的运动状态，供应链上的各个企业都是各自为战，缺乏共同的目标。不过，由于过去的市场竞争远不如今天这么严峻，因此，这种自发运行的供应链系统并没有反映出不适应性。然而，进入 21 世纪后，经济全球化、市场竞争全球化等浪潮一浪高过一浪，自发供应链所存在的种种弊端开始显现出来，企业必须寻找更有效的方法，才能在这种形势下生存和发展下去。因此，人们发现必须对供应链这一复杂系统进行有效的协调和管理，才能取得更好的绩效，才能从整体上降低产品（服务）成本，供应链管理思想就在这种环境下产生和发展起来了。

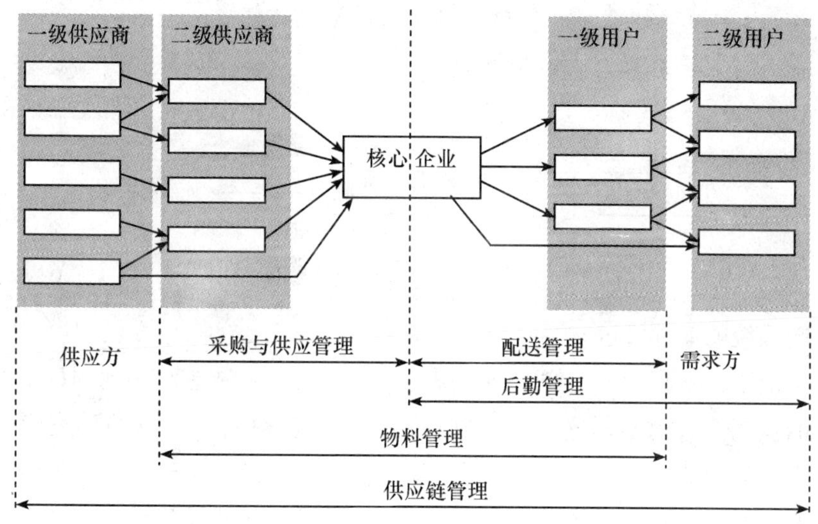

图 1—8　供应链系统的分层结构

根据供应链和供应链管理的定义，供应链的结构可以简单地显示如图 1—9 所示的模型。

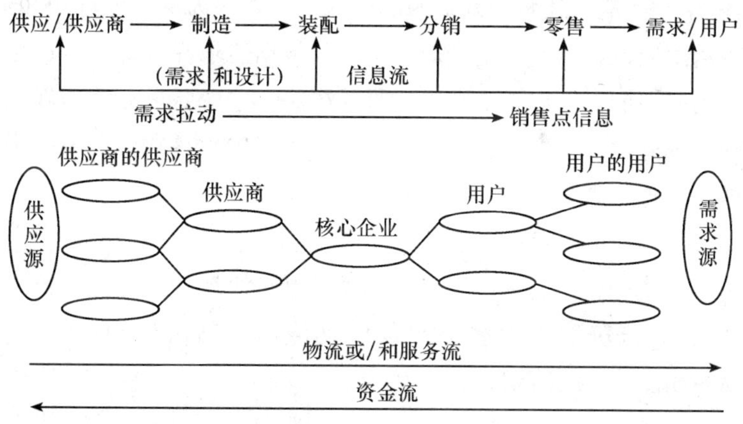

图 1—9　供应链的网链结构模型

3. 供应链管理的原理

（1）推式市场的供应链系统的内容。在一个推式市场的供应链系统中，必须根据长期预测进行生产决策。一般来说，产品的制造商是利用从零售商处接到的订单来预测客户需求。系统简图如图 1—10 所示。

推式市场的供应链系统对变化的市场作出反应需要更长的时间，这可能会导致两种后果：一是该系统可能没有能力满足变化的需求方式；二是当市场对某些产品的需求消失

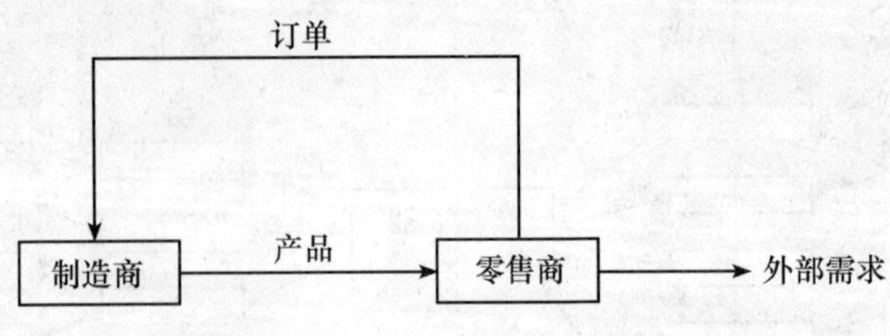

图 1—10　推式市场的供应链系统

时，该供应链系统的库存将过时。

在推式市场中经常会出现这样一种情况，即从批发商到制造商接到的订单的变动性要比客户需求的变动性大得多。这是由于制造商、批发商对需求信息的不正确把握所引起的。它们根据零售商的订单来预测客户需求，然而，零售商为了提前期、批量订货、价格波动、安全库存等因素必然会使订单大于实际客户需求，必然导致了供应链上方即制造商处的需求变动程度增大，这就是所谓的“牛鞭效应”。这种效应会由于需要大量的安全库存而引起过多库存，会产生更大和更容易变动的生产批量，还会产生产品过时和服务水平低下等问题。

具体地说，“牛鞭效应”还将导致资源的无效利用，因为这时的计划和管理要难得多。例如，制造商不清楚应该如何确定生产能力。如果根据需求峰值确定，这会使大多数时间内制造商有昂贵的资源闲置；如果根据平均需求决定，这就要求需求高峰期必须有额外的生产能力来补充。因此，在一个推式市场的供应链系统中，经常会发现由于紧急生产转换而引起的运输成本增加、高库存水平和高制造成本等。

（2）拉式市场的供应链系统的内容。在拉式市场的供应链系统中，生产是由需求驱动的，因此生产是根据实际客户需求而不是预测需求进行协调的。为此，拉式市场的供应链系统使用快速的信息流机制来把客户需求信息传送给制造机制，如销售点数据系统（POS）。系统简图如图 1—11 所示。

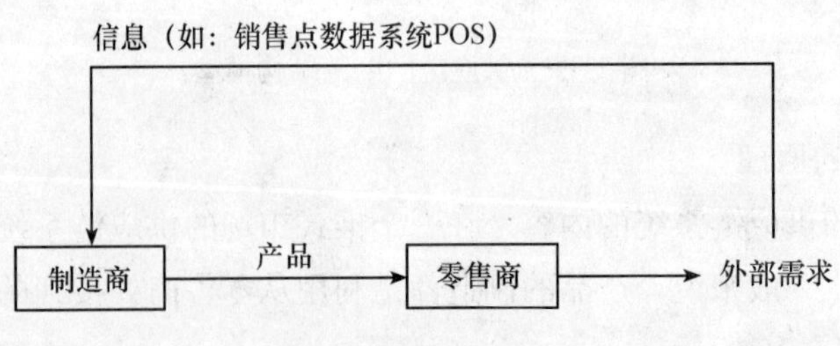

图 1—11　拉式市场的供应链系统

由于拉式市场的供应链系统能够通过外部实际需求信息的采集，更准确地预测零售商的订单而缩短提前期。进一步来说，零售商的库存水平随着提前期的缩短而减少，制造商面对的变动性也随着提前期的缩短而变小，而制造商的变动变小使得制造商库存能够降低。因此，在一个拉式市场的供应链系统中，经常能够看到系统的库存水平明显下降，管理资源的能力加强了，整个系统成本低于相应的推式市场的供应链系统。正是由于同推式市场的供应链系统相比，拉式市场的供应链系统对需求信息的把握更加准确与及时，因此目前的供应链系统都正在朝着拉式市场的方向进行改革。

4. 供应链管理的应用

（1）虚拟供应链的定义和特点。虚拟供应链的概念最早是 1998 年由英国桑德兰大学电子商务中心在一个名为“供应点”（Supply Point）的研究项目中提出。该项目旨在开发一个电子获取系统，以使最后客户能够直接从中小企业组成的供应链虚拟联盟中订货，并称之为虚拟供应链（Virtual Supply Chain，VSC）。它可以被看做是：合作伙伴基于专门的信息服务中心提供的技术支持和服务而组建的动态供应链。

虚拟供应链一般是一种网状结构，因为它的体系结构是以虚拟供应链信息服务中心的服务系统作为支撑，包括客户、供应商、制造商、承运商、分销商、零售商和其他合作伙伴等参与者。它可以从目标、任务、信息和技术等方面来描述（见图 1—12）。

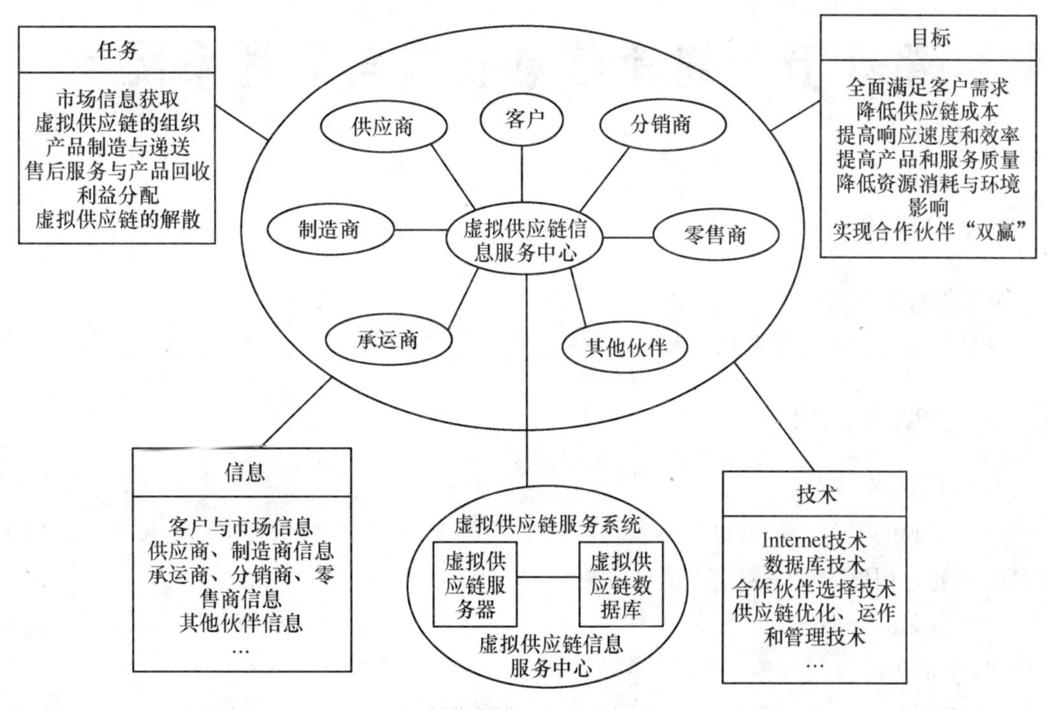

图 1—12 虚拟供应链的体系结构

（2）敏捷供应链的定义和特点。敏捷制造概念的提出，对供应链问题赋予了新的含义和要求。敏捷供应链区别于一般供应链系统的特点在于，敏捷供应链可以根据需要进行快速的重构和调整。敏捷供应链要求能通过供应链管理促进企业间的联合结盟，进而提高企业的敏捷性。敏捷供应链支持的功能包括：支持迅速结盟、结盟后动态联盟的优化运行和平稳解体；支持动态联盟企业间敏捷供应链管理系统的功能；结盟企业能根据要求方便地进行组织、管理和生产计划的调整；可以集成其他的供应链系统和管理信息系统。

敏捷供应链的实施有助于促进企业间的合作和企业生产模式的转变，有助于提高大型企业集团的综合管理水平和经济效益。通过抓住商业流通这个龙头，通过协调、理顺每个企业的购销环节，来为企业提供直接的市场信息和广阔的销售渠道，并以此为契机促进企业间的联合，同时也为商家提供了无限的商机。

完整的全球供应链管理系统，可以帮助企业随时掌握各地各网点的销售情况，全面掌握所有供应商的详细情况，合理规划异地库存的最佳效益，合理安排进货的批次、时间以及运输等问题，合理调整公司的广告策略和价格政策，向企业（供应商）提供有偿信息服务、网上订货和电子贸易，可随时把商店的动态告诉每一位想了解的客户。

第 3 节　物流信息技术与管理系统

➢掌握物流信息技术的相关知识

➢掌握物流信息管理系统的相关知识

一、物流信息技术

1. 条码技术

（1）条码的概念。条码也称条形码，是将宽度不等的多个黑条和空白，按照一定的编码规则排列，用以表达一组信息的图形标识符。

（2）条码的分类

1）条形码按码制分类

①UPC 码。UPC 码是一种长度固定的连续型数字式码制，其字符集为数字 0～9。它采用四种元素宽度，每个条或空是 1、2、3 或 4 倍单位元素宽度。UPC 码有两种类型，即

UPC-A 码和 UPC-E 码。样例如图 1—13 所示。

图 1—13　UPC 码

②EAN 码。EAN 码的字符编号结构与 UPC 码相同，也是长度固定的、连续型的数字式码制，其字符集是数字 0～9。它采用四种元素宽度，每个条或空是 1、2、3 或 4 倍单位元素宽度。EAN 码有两种类型，即 EAN-13 码和 EAN-8 码。样例如图 1—14 所示。

图 1—14　EAN 码

③交叉 25 码。交叉 25 码是一种长度可变的连续型自校验数字式码制，其字符集为数字 0～9。采用两种元素宽度，每个条和空是宽或窄元素。编码字符个数为偶数，所有奇数位置上的数据以条编码，偶数位置上的数据以空编码。如果为奇数个数据编码，则在数据前补一位 0，以使数据为偶数个数位。样例如图 1—15 所示。

④39 码。39 码是第一个字母数字式码制。它是长度可比的离散型自校验字母数字式码制。其字符集为数字 0～9，26 个大写字母和 7 个特殊字符，以及空格符（Space）共 44 个字符。每个字符由 9 个元素组成，其中有 5 个条（2 个宽条，3 个窄条）和 4 个空（1 个宽空，3 个窄空），是一种离散码。样例如图 1—16 所示。

图 1—15　交叉 25 码

图 1—16　39 码

⑤库德巴码。库德巴码是一种长度可变的连续型自校验数字式码制。其字符集为数字0～9和6个特殊字符，共16个字符。常用于仓库、血库和航空快递包裹中。样例如图1—17所示。

图1—17　库德巴码

⑥128码。128码是一种长度可变的连续型自校验数字式码制。它采用四种元素宽度，每个字符由3个条和3个空，共11个单元元素宽度，又称（11，3）码。它有106个不同条形码字符，每个条形码字符有三种含义不同的字符集，分别为A、B、C。它使用这3个交替的字符集可将128个ASCII码编码。样例如图1—18所示。

图1—18　128码

⑦93码。93码是一种长度可变的连续型字母数字式码制。其字符集成为数字。共有0～9，26个大写字母和7个特殊字符以及4个控制字符。每个字符由3个条和3个空，共9个元素宽度。

⑧49码。49码是一种多行的连续型、长度可变的字母数字式码制。

⑨其他码制。除上述码外，还有其他的码制，例如25码出现于1977年，主要用于电子元器件标签。

2）按维数分类

①普通的一维条码。普通的一维条码自问世以来，很快得到了普及并广泛应用。但是由于一维条码的信息容量很小，如商品上的条码仅能容13位的阿拉伯数字，更多的描述商品的信息只能依赖数据库的支持，离开了预先建立的数据库，这种条码就变成了无源之水，无本之木，因而条码的应用范围受到了一定的限制。

②二维条码。除具有普通条码的优点外，二维条码还具有信息容量大、可靠性高、保

密防伪性强、易于制作、成本低等优点。美国 Symbol 公司于 1991 年正式推出名为 PDF417 的二维条码，简称为 PDF417 条码，即“便携式数据文件”。PDF417 条码是一种高密度、高信息含量的便携式数据文件，是实现证件及卡片等大容量、高可靠性信息自动存储、携带并可用机器自动识读的理想手段。

③多维条码。3D Barcode 又叫三维条码，多维条码，或叫做数字信息全息图，相对二维条码来说，它能表示计算机中的所有信息，包括音频、图像、视频、全世界各国文字等。

（3）条码识别技术的特点

1）输入速度快。与键盘输入相比，条码输入的速度是键盘输入的 5 倍，并且能实现“即时数据输入”。

2）可靠性高。键盘输入数据出错率为 1/300，利用光学字符识别技术出错率为 1×10^{-4}，而采用条码技术误码率低于千百万分之一。

3）采集信息量大。利用传统的一维条码一次可采集几十位字符信息；二维条码更可以携带数千个字符的信息，并有一定的自动纠错能力。

4）灵活实用。条码标识既可以作为一种识别手段单独使用，也可以和有关识别设备组成一个系统实现条码识别，还可以和其他控制设备连接起来实现管理。

5）易于制作。条码标签易于制作，对设备和材料没有特殊要求，识别设备操作容易，不需要特殊培训，且设备也相对便宜。

（4）条码扫描设备。条码扫描设备是用来读取条码信息的设备。它使用一个光学装置将条码的条空信息转换成电平信息，再由专用译码器翻译成相应的数据信息，具体设备包括手持式条码扫描器、小滚筒式条码扫描器、平台式条码扫描器、CCD 扫描器、激光手持式扫描、全角度扫描器、OPTICON OPL-6846 条码扫描器、GM 激光条码扫描器 2007/2008、激光扫描器 MS-5145、Symbol LS2208AP 手持式激光条码扫描器、Intermec Scan-Plus 1800 通用型条码扫描器、Sabre1400 工业型条码扫描器。

（5）条码技术在物流中的应用

1）对人的管理。每个班次开工时，工作小组每个成员都要用条形码数据采集器扫描他们员工卡上的条码，把考勤数据和小组成员记录到数据采集器，然后输入到计算机系统。公司根据记录的情况，决定相应的奖惩。

2）对物的管理

①仓库货物管理。条码技术的应用与库存管理，避免手工书写票据和送到机房输入的步骤，大大提高了工作效率，同时解决了库房信息滞后的问题。另外，也解决了票据信息不准确的问题，提高了客户服务质量，消除事务处理中的人工操作，减少无效劳动。

②流水线生产管理。在条码技术没有应用的时期，每个产品在生产前，必须手工记载生成这个产品所需的工序和零件，按领料号记载分配好物料后，才能开始生产。在每条生产线上每个产品都有记录表单，每个工序完成后，填上元件号和自己的工号。手工记载工作量大，很复杂，而且不能及时反映产品在生产线上的流动情况。采用条码技术后，订单号、零件种类、产品编号都可条码化，在产品零件和装配的生产线上及时打印并粘贴标签。产品下线时，由生产线质检人员检验合格后扫入产品的条码、生产线条码并按工序扫入工人的条码，对于不合格的产品送去维修，由维修确定故障的原因，整个过程不需要手工记录。

③仓储管理。条码出现以前，仓库管理作业存在着很多问题，如物料出入库、物品存放地点等信息手记过程烦琐，信息传递滞后，导致库存量上升，发货日期无法保证，决策依据不准，降低了系统可靠性。为了避免失误，一些企业增设验单人员，这就降低了劳动生产率，影响指令处理速度。而在已安装了计算机网络系统的工厂，只需增加一些条码数据采集设备，就可以解决。

3）对流程的管理

①进货管理。进货时需要核对产品品种和数量，这部分工作是由数据采集器完成的。首先将所有本次进货的单据、产品信息下载到数据采集器中，数据采集器将提示材料管理员输入收货单的号码，由数据采集器在应用系统中判断这个条码是否正确。如果不正确，系统会立刻向材料管理员作出警示；如果正确，材料管理员再扫描材料单上的项目号，系统随后检查购货单上的项目是否与实际相符。

②入库管理。搬运工（或叉车司机）只需扫描准备入库的物料箱上的标签即可。入库可分间接和直接两种：间接入库指物料堆放在任意空位上后，通过条码扫描器记录地址；直接入库指将某一类货物存放在指定货架，并为其存放位置建立一个记录。

③库存货物的管理。对于标签破损，参照同类物或依据其所在位置，用计算机制作标签，进行补贴。在货物移位时，用识别器进行识读，自动收集数据，把采集到的数据自动传送至计算机货物管理系统中进行管理。按照规定的标准，通过条码识读器对仓库分类货物或零散货物进行定期的盘存。在货物发放过程中，出现某些货物零散领取的情况，可采用两种方式：一是重新打包，系统生成新的二维码标签，作为一个包箱处理；另一种是系统设置零散物品库专门存储零散货物信息，记录货物的品名、数量、位置等信息，统一管理。

④货物信息控制、跟踪

a. 库存自动预警：对于各种货物库存量高于或低于限量进行自动预警。结合各种货物近期平均用量，自动生成需要在一定时间内采购或取消订货的货物量，有效地控制库存量。

b. 空间监控：监控货物的实际位置、存放时间、空间余地等参数，自动对不合理位置、超长存放时间、余地不足等规定的限量自动预警。

c. 货物信息跟踪：对整个供应链进行跟踪。

d. 报损处理：自动对将要报损的货物进行跟踪。管理人员可对报损货物进行登记，填写报损申请表，若报损申请批准后，系统对报损货物进行报损处理，建立报损明细。

⑤出库管理。采用条码识读器对出库货物包装上的条码标签进行识读，并将货物信息快递给计算机，计算机根据货物的编号、品名、规格等自动生成出库明细。发现标签破损或丢失按照上述程序人工补贴。出库货物经过核对，确认无误后，再进行出库登账处理，更新货物库存明细。

2. 射频识别技术

射频识别技术（Radio Frequency Identification，RFID）是一种非接触式的自动识别技术，它利用射频信号及空间耦合和传输特性实现对静止或移动物体的自动识别及数据交换。一个完整的射频识别技术系统由标签、天线、读写器和监控系统组成，基本的工作原理为：当标签进入磁场后，接收读写器发出的射频信号，凭借感应电流所获得的能量发送出存储在芯片中的产品信息（无源标签或被动标签），或者主动发送某一频率的信号（有源标签或主动标签）；读写器读取信息并解码后，送至中央信息系统进行有关数据处理。射频识别技术工作原理如图 1—19 所示。

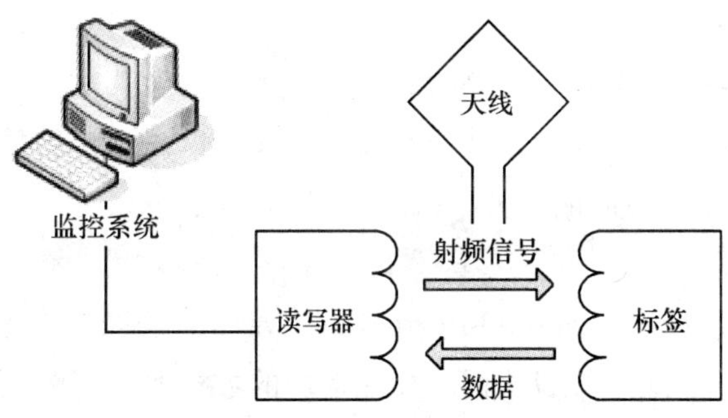

图 1—19　射频识别技术工作原理

射频识别技术的特征是利用无线电波来传送识别信息，识别工作无须人工干预、不受空间限制，可工作于各种恶劣环境；它最大的优点在于可以对高速移动的远距离目标进行非接触自动识别，这一点是条形码等任何其他的自动识别技术所不具备的。利用射频识别技术的技术特征，可以很好地解决流通过程中数据采集的瓶颈问题。

3. 电子数据交换技术

（1）EDI（Electronic Data Interchange）的概念。EDI 也可译为“电子数据互换”，港、澳及海外华人地区称作“电子资料联通”。它是一种在公司之间传输订单、发票等作业文件的电子化手段。它通过计算机通信网络将贸易、运输、保险、银行和海关等行业信息，用一种国际公认的标准格式，实现各有关部门或公司与企业之间的数据交换与处理，并完成以贸易为中心的全部过程。它是 20 世纪 80 年代发展起来的一种新颖的电子化贸易工具，是计算机、通信和现代管理技术相结合的产物。

（2）电子数据交换技术的特点

1）电子数据交换技术使用于不同的组织之间。电子数据交换技术传输的企业间的报文，是企业间信息交流的一种方式。

2）电子数据交换技术所传送的资料是一般业务资料，如发票、订单等，而不是指一般性的通知。

3）电子数据交换技术传输的报文是格式化的，是符合国际标准的，这是计算机能够自动处理报文的基本前提。

4）电子数据交换技术使用的数据通信网络一般是增值网（VAN）或互联网。

5）数据传输由收送双方的计算机系统直接传送、交换资料，不需要人工介入操作。

（3）电子数据交换技术系统的构成要素。电子数据交换技术系统的构成成分主要包括四大部分：电子数据交换技术硬件、电子数据交换技术软件、电子数据交换技术通信网络以及电子数据交换技术数据标准。

（4）电子数据交换技术中心的主要功能。电子数据交换技术中心的主要功能是：电子数据交换、传输数据的存证、报文标准格式转换、安全保密、提供信息查询、提供技术咨询服务、提供昼夜 24 小时不间断服务、提供信息增值服务等。

4. 地理信息系统

（1）地理信息系统（Geographic Information System，GIS）的概念。地理信息系统是以测绘测量为基础，以数据库作为数据储存和使用的数据源，以计算机编程为平台的全球空间分析即时技术。

（2）地理信息系统的组成部分。由硬件、软件、数据、人员和方法五部分组成。硬件和软件为地理信息系统建设提供环境；数据是地理信息系统的重要内容；方法为地理信息系统建设提供解决方案；人员是系统建设中的关键和能动性因素，直接影响和协调其他几个组成部分。

硬件主要包括计算机和网络设备，存储设备，数据输入、显示和输出的外围设备等。软件主要包括以下几类：操作系统软件、数据库管理软件、系统开发软件、地理信息系统软件等。地理信息系统软件的选型，直接影响其他软件的选择，影响系统解决方案，也影响着系统建设周期和效益。

5. **全球定位系统**

（1）全球定位系统（Global Positioning System，GPS）的概念。GPS 的中文简称为“球位系”。GPS 是 20 世纪 70 年代由美国陆海空三军联合研制的新一代空间卫星导航定位系统。其主要目的是为陆、海、空三军提供实时、全天候和全球性的导航服务，并用于情报收集、核爆监测和应急通信等一些军事活动。经过 20 余年的研究实验，耗资 300 亿美元，到 1994 年 3 月，全球覆盖率高达 98%的 24 颗全球定位系统卫星星座已布设完成。

（2）全球定位系统系统的组成部分

1）空间部分。全球定位系统的空间部分是由 24 颗卫星组成（21 颗工作卫星；3 颗备用卫星），它位于距地表 20 200 千米的上空，均匀分布在 6 个轨道面上（每个轨道面 4 颗），轨道倾角为 55°。卫星的分布使得在全球任何地方、任何时间都可观测到 4 颗以上的卫星，并能在卫星中预存导航信息。全球定位系统的卫星因为大气摩擦等问题，随着时间的推移，导航精度会逐渐降低。

2）地面控制系统。地面控制系统由监测站、主控制站、地面天线所组成。主控制站位于美国科罗拉多州春田市。地面控制站负责收集由卫星传回的信息，并计算卫星星历、相对距离，大气校正等数据。

3）用户设备部分。用户设备部分即全球定位系统信号接收机。其主要功能是能够捕获到按一定卫星截止角所选择的待测卫星，并跟踪这些卫星的运行。当接收机捕获到跟踪的卫星信号后，就可测量出接收天线至卫星的伪距离和距离的变化率，解调出卫星轨道参数等数据。根据这些数据，接收机中的微处理计算机就可按定位解算方法进行定位计算，计算出用户所在地理位置的经纬度、高度、速度、时间等信息。接收机硬件和机内软件以及全球定位系统数据的后处理软件包构成完整的全球定位系统用户设备。全球定位系统接收机的结构分为天线单元和接收单元两部分。接收机一般采用机内和机外两种直流电源。设置机内电源的目的在于更换外电源时不中断连续观测。在用机外电源时机内电池自动充电。关机后机内电池为 RAM 存储器供电，以防止数据丢失。目前各种类型的接收机体积越来越小，重量越来越轻，便于野外观测使用。其次则为使用者接收器，现有单频与双频两种，但由于价格因素，一般使用者所购买的多为单频接收器。

（3）全球定位系统技术在物流中的应用。将全球定位系统广泛应用到物流行业中，通过网络实现资源共享，使运输公司、车辆使用方、接货方都能对货物运输过程中的汽车运行线路、车货的实时运行位置、人员的安全情况以及汽车的运行情况都能一目了然。实时准确地掌握，便于车辆的指挥调度，协调三方之间的商务关系，从而大幅度地提高运行效率，实现经济效益的最大化，获得最优物流方案。具体应用如下：

运输公司可以根据车牌号通过网络查询车辆的行车路线，车辆所处的区域、司机信息、车辆的收费情况、报警情况等，向车载终端发送各种命令。司机的停车地点和运行路线，系统都会自动记录，运输公司可以随时查询。实时监控车辆交费登记和救援，有效杜绝乱报费用。

货物发出以后，客户可以通过网络实时查询车辆运输途中的运行情况和他所处的位置，了解货物在途中是否安全，是否能快速有效地到达目的地。

接货方只需要通过发货方提供的相关资料和权限，就可通过网络实时查看车辆和货物的相关信息，掌握货物在途中的情况以及大概的到达时间。以此来提前安排货物的接收、存放以及销售等环节，使货物的销售链可提前完成。

全球定位系统技术的应用给企业带来了巨大的财富，我国也有部分物流企业已经应用了全球定位系统，但跟世界其他国家相比较，我国的基础设施相对还比较薄弱，尚处于起步阶段。我们的物流企业正在积极汲取国外的先进技术和经验，不断改善自身状况。相信不久的将来，全球定位系统会不断地发挥它的潜力，并在我国物流行业中发挥越来越大的作用。

6. 物联网技术

（1）物联网（the Internet of Things）的定义。物联网是通过射频识别、红外感应器、全球定位系统、激光扫描器等信息传感设备，按约定的协议，把任何物品与互联网连接起来，进行信息交换和通信，以实现智能化识别、定位、跟踪、监控和管理的一种网络。物联网的概念是在1999年提出的。物联网就是“物物相连的互联网”。这有两层意思：第一，物联网的核心和基础仍然是互联网，是在互联网基础上的延伸和扩展的网络；第二，其用户端延伸和扩展到了任何物品与物品之间，进行信息交换和通信。

（2）物联网的原理。物联网是在计算机互联网的基础上，利用RFID、无线数据通信等技术，构造一个覆盖世界上万事万物的“Internet of Things”。在这个网络中，物品（商品）能够彼此进行“交流”，而无须人的干预。其实质是利用射频自动识别技术，通过计算机互联网实现物品（商品）的自动识别和信息的互联与共享。

而RFID正是能够让物品“开口说话”的一种技术。在“物联网”的构想中，RFID标签中存储着规范且具有互用性的信息，通过无线数据通信网络把它们自动采集到中央信息系统，实现物品（商品）的识别，进而通过开放性的计算机网络实现信息交换和共享，实现对物品的“透明”管理。

“物联网”概念的问世，打破了之前的传统思维。过去的思维一直是将物理基础设施和IT基础设施分开：一方面是机场、公路、建筑物，而另一方面是数据中心、个人电脑、宽带等。而在“物联网”时代，钢筋混凝土、电缆将与芯片、宽带整合为统一的基础设施，在此意义上，基础设施更像是一块新的地球工地，世界的运转就在它上面进行，其中包括经济管理、生产运行、社会管理乃至个人生活。

7. 中国物流信息化产业现状

从我国目前的产业现状看：物流信息化程度还比较低，信息化系统功能有待完善。我们可以通过 2009 年相关机构的调研数据对中国物流企业信息化现状有更深层次的了解，如图 1—20 所示。

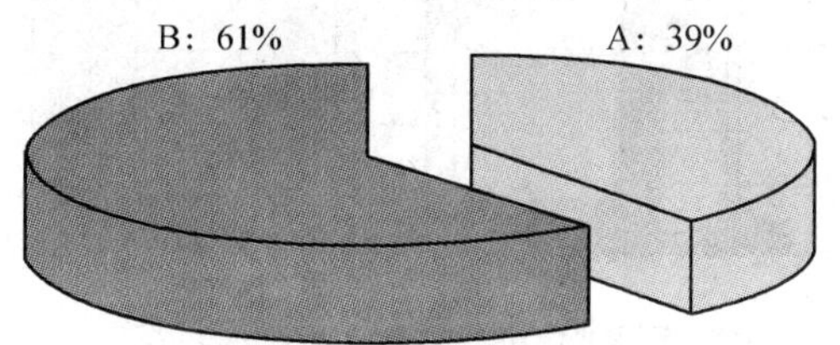

图 1—20　中国物流企业的信息化

从上述数据可以看出物流企业的信息化普及率不高，多数物流企业还处于以往的人工作业方式。

从物流企业的信息系统应用（见图 1—21）来看，涉及物流企业运营的各个环节，说明物流企业对信息化发展的需求呈现多样化的特点。

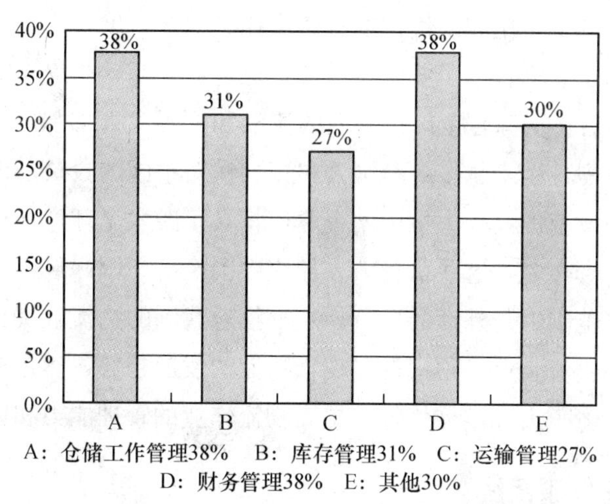

图 1—21　物流企业各项管理工作中信息系统应用所占的百分比

从企业的信息系统功能（见图 1—22）角度来看，目前物流企业的信息系统存在功能简单、功能层次低等问题。多数信息系统只有简单的记录、查询和管理功能，而缺少决策、分析、互动等功能。

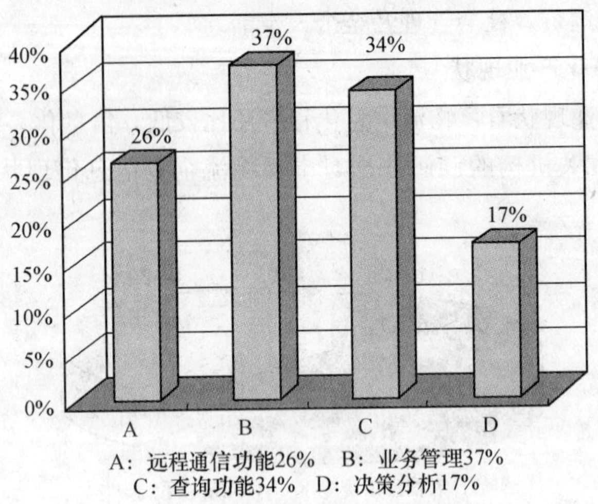

图 1—22　企业的信息系统功能

物流企业的运营随着企业规模和业务跨地域发展，必然要走向全球化发展的道路。在全球化趋势下，物流目标是为国际贸易和跨国经营提供服务，选择最佳的方式与路径，以最低的费用和最小的风险，保质、保量、准时地将货物从某国的供方运到另一国的需方，使各国物流系统相互“接轨”，它代表物流发展的更高阶段。面对着信息全球化的浪潮，信息化已成为加快实现工业化和现代化的必然选择。中国提出要走新型工业化道路，其实质就是以信息化带动工业化、以工业化促进信息化，达到互动并进，实现跨越式发展。

中国加入 WTO 后，资源在全球范围内的流动和配置大大加强，企业面临的国内、国际市场的竞争更加激烈，越来越多的跨国公司正加快对中国的投资速度，纷纷到中国设立或扩大加工基地与研发基地，一大批中国企业也将真正融入全球产业链，有些还将直接成为国际跨国公司的配套企业，这些都将大大加快中国经济与国际经济接轨的步伐，加剧中国企业在本土和国际范围内与外商的竞争，这都将对我国的物流业提出更高的要求。在这种新环境下，我国的物流企业必须把握好现代物流的发展趋势，运用先进的管理技术和信息技术，提升自己的竞争力和整体优势，提高物流作业的管理能力和创新能力。

二、物流信息管理系统

1. 物流信息系统

（1）物流信息系统的内容。物流信息系统是指由人员、设备和程序组成的，为物流管理者执行计划、实施、控制等职能提供信息的交互系统，它与物流作业系统一样都是物流系统的子系统。

物流信息系统根据不同企业的需要可以有不同层次、不同程度的应用和不同子系统的划分。例如有的企业由于规模小、业务少，可能使用的仅仅是单机系统或单功能系统，而另一些企业可能使用功能强大的多功能系统。一般来说，一个完整、典型的物流信息系统可由作业信息处理系统、控制信息处理系统、决策支持系统三个子系统组成：

1）作业信息处理系统。作业信息处理系统一般有电子自动订货系统（EOS）、销售时点信息系统（POS）、智能运输系统（ITS）等类型。

电子自动订货系统是指企业利用通信网络（VAN或互联网）和终端设备以在线连接方式进行订货作业和订单信息交换的系统。电子订货系统按应用范围可分为企业内的EOS（如连锁经营企业各连锁分店与总部之间建立的EOS）；零售商与批发商之间EOS以及零售商、批发商与生产商之间的EOS等。及时准确地处理订单是EOS的重要职能。其中的订单处理子系统为企业与客户之间接受、传递、处理订单服务。订单处理子系统是面向于整个订货周期的系统，即企业从发出订单到收到货物的期间。在这一期间内，要相继完成四项重要功能：订单传递、订单处理、订货准备、订货运输。其中实物流动由前向后，信息流动由后向前。订货周期中的任何一个环节缩短了时间，都可以为其他环节争取时间或者缩短订货周期，从而保证了客户服务水平的提高。因为从客户的角度来看，评价企业对客户需求的反应灵敏程度，是通过分析企业的订货周期的长短和稳定性来实现的。

销售时点信息系统（POS）是指通过自动读取设备在销售商品时直接读取商品销售信息如商品名、单价、销售数量、销售时间、购买顾客等，并通过通信网络和计算机系统传送至有关部门进行商品库存的数量分析、指定货位和调整库存以提高经营效率的系统。

智能运输系统（ITS）是典型的发货和配送系统，它将信息技术贯穿于发货和配送的全过程，能够快捷准确地将货物运达目的地。

2）控制信息处理系统。控制信息处理系统主要包括库存管理系统和配送管理系统。

库存管理系统负责利用收集到的物流信息，制订出最优库存方式、库存量、库存品种以及安全防范措施等。

配送系统则将商品按配送方向、配送要求分类，制定科学、合理、经济的运输工具调配计划和配送路线计划等。

3）决策支持系统。物流决策支持系统（LDSS）是为管理层提供的信息系统资源，是给决策过程提供所需要的信息、数据支持，方案选择支持。一般应用于非常规、非结构化问题的决策。决策支持系统只是一套计算机化的工具，可以帮助管理者更好地决策，但不能代替管理者决策。

(2) 物流信息系统的结构。物流信息系统是物流领域的神经网络，遍布物流系统的各个层次、各个方面。物流信息系统结构可以从垂直和水平两个方向来考察。

从垂直方向看，物流信息系统可分为三个层次，即管理层、控制层和作业层。从水平方向看，信息系统贯穿供应物流、生产物流、销售物流、回收和废弃物物流等物流形式的运输、仓储、装卸搬运、包装、流通加工等各个物流作业环节。

(3) 物流信息系统的基本功能。物流信息系统是物流系统的神经中枢，它作为整个物流系统的指挥和控制系统，可以分为多种子系统或者多种基本功能。通常，可以将其基本功能归纳为以下五个方面：

1）数据的收集和输入。物流数据的收集首先是通过收集子系统从系统内部或者外部将数据收集到预处理系统中，并整理成为系统要求的格式和形式，然后再通过输入子系统输入到物流信息系统中。这一过程是其他功能发挥作用的前提和基础，如果一开始收集和输入的信息不完全或不正确，在接下来的过程中得到的结果就可能与实际情况完全相驳，这将会导致严重的后果。因此，在衡量一个信息系统性能时，应注意它收集数据的完整性、准确性，以及校验能力、预防和抵抗破坏能力等。

2）信息的存储。物流数据经过收集和输入阶段后，在其得到处理之前，必须在系统中存储下来。即使在处理之后，若信息还有利用价值，也要将其保存下来，以供以后使用。物流信息系统的存储功能就是要保证已得到的物流信息能够不丢失、不走样、不外泄、整理得当、随时可用。无论哪一种物流信息系统，在涉及信息的存储问题时，都要考虑到存储量、信息格式、存储方式、使用方式、存储时间、安全保密等问题。如果这些问题没有得到妥善的解决，信息系统是不可能投入使用的。

3）信息的传输。物流信息在物流系统中，一定要准确、及时地传输到各个职能环节，否则信息就会失去其使用价值了。这就需要物流信息系统具有克服空间障碍的功能。物流信息系统在实际运行前，必须要充分考虑所要传递的信息种类、数量、频率、可靠性要求等因素。只有这些因素符合物流系统的实际需要时，物流信息系统才是有实际使用价值的。

4）信息的处理。物流信息系统的最根本目的就是要将输入的数据加工处理成物流系统所需要的物流信息。数据和信息是有所不同的，数据是得到信息的基础，数据本身往往不能直接利用，而信息是从数据加工得到的，它可以直接利用。只有得到具有实际使用价值的物流信息，物流信息系统的功能才能得以发挥。

5）信息的输出。信息的输出是物流信息系统的最后一项功能，也只有在实现了这个功能后，物流信息系统的任务才算完成。信息的输出必须采用便于人或计算机理解的形式，在输出形式上力求易读易懂、直观醒目。

这五项功能是物流信息系统的基本功能，缺一不可。而且，只有五个过程都没有出错，最后得到的物流信息才具有实际使用价值，否则会造成严重的后果。

（4）信息系统与物流管理信息系统的关系

1）信息系统为物流管理信息系统提供公共关键技术。

2）物流管理信息系统作为信息系统的特殊系统又有独特性。

3）物流管理信息系统同时为其他信息系统提供一些成功的应用模板。

4）物流管理信息系统和信息系统相互融合。

2. 仓储信息管理系统的主要功能

（1）收货。系统可以处理多种不同的收货情况，可以与已有的生产资源计划系统（Manufacturing Resource Planning，MRP）、配送资源计划系统（Distribution Resource Planning，DRP），以及订单系统（Sales Order System）高度整合，由以上系统产生的入库任务可以直接导入系统，系统同时支持网上下单、纸质凭证、电话传真等形式。

根据采购单产生发货通知单/验收单以及无采购单或无发货通知单收货。采购单和发货通知单/验收单可以经由人工输入、EDI 或者专有的界面传入系统。收货资料进入系统后，系统以 EDI 或（并）以其专有的界面反馈给相关处理模块。同时，系统由验收单可以查询到箱或托盘编号的资料。收货过程包括所有收取货品入库的必要活动。如由产生入库单、卸货、验货至货品经流通加工移入货架上的储位等。同时，系统通过储位管理模块提供建议性的储位以实现仓库存放空间的最大利用。

（2）出货。出货与收货是相反的两个作业流程。客户的订单录入系统后，系统产生拣货单，客户订单中的货品经拣取过程后配送出库。出货程序管理能够加速客户订单的履行与仓库货品的管理。

系统能够对配送进行管理，根据路线选择货品配载、车辆调度等。

（3）库内作业。库内作业包括盘点、移库、调整、组托等作业。

盘点处理模块主要通过条码数据采集器下载盘点作业信息，并根据作业要求进行盘点操作。盘点完成后将盘点实际情况反馈至系统，系统将自动生成盘点报表。

盘点可能发现储位错误，也可以出现数量盈亏。对于储位错误，可以通过移库作业完成；对于数量的盈亏，可以通过单据冲销完成。

系统能够根据货品情况，提出每拍存放货品建议，通过组拍作业，可以提高托盘的使用效率，实现托盘、货品、储位的对应。

（4）调度管理。系统能够实现自动调度、人为调度、自动与人为调度结合等调度形式。系统可以自动进行储位分配、人员设备调度，也可以完全人为进行控制，同时还支持系统调度之后的人为干预。多种调度形式能够最大限度满足不同客户的运作现状。

（5）RF 支持。系统支持 RF 无线射频终端，可以有效地搜集有关货品、储位以及作业状态，信息可以由无线传输方式送到系统的数据库中。同时，系统可以将调度或自动分配给操作人员的任务传输给 RF 持有人。

（6）预警及账表管理。预警是系统对货品保质期、仓库使用率、任务执行状态、合约到期、应收应付逾期等的报警。

系统提供物资类账表、管理类指标报表、财务类台账账表，系统定义了近四十种账表，还可以根据客户需求进行报表订制。

3. 配送信息管理系统的主要功能

（1）接单。通过物流公司的信息系统与客户系统的接口，可以实现自动接单，并直接转化为任务进行处理；也可以通过网站在网上下单，客服人员可以通过传统方式接单然后录入系统。系统可以提供主动服务功能，按照不同设定，系统能够定期启动查询潜在客户的主动服务，便于服务人员主动与客户接触，以免错过商机。

（2）任务生成。通过不同渠道接收到的运单由系统自动生成待处理任务。为了规范作业，物流公司的信息系统能够按照 ISO 认证标准对生成的任务进行评审，并依据评审结果自动下达或搁置。

（3）调度。调度作业是运输的中心作业。调度需要准确及时掌握内外可以利用的资源状态，任务状况，负责对各项任务分配资源并控制作业进程；由于调度的工作烦琐、复杂、多变，通过人为完成大量的作业经常出现差错，或资源不合理使用，作业效率低。物流公司的信息系统采用尖端技术实现计算机辅助作业，优化资源利用效率，自动组合同类作业，确保作业准度精度。

（4）执行。物流公司的信息系统将作业分配给不同操作人员，并生成各种执行单据。传统过程是在各部门之间流转的纸质单据，烦琐而浪费，出错率高。我们认为任务是一个闭环作业过程，有去必有回，物流公司的信息系统的所有执行单据全部设有执行状况反馈信息，以便严格控制各种执行作业的状况。

（5）跟踪与反馈。对货品状态的跟踪与及时反馈是体现服务水平获得竞争优势的基本功能。物流公司的信息系统通过与 GPS 的无缝连接，真正做到对货品状态的时时跟踪。系统能够按照不同要求为客户提供定时的状态信息反馈。

（6）成本核算。对于成本的控制采用国际先进的管理方法——基于活动的成本管理方法，物流公司的信息系统按照此原理能够分析核算每一笔业务的实际活动成本及实际收益，以便管理人员分析利润来源及进一步的业务方向。同时，系统能够对相同作业进行对比分析，对于各种可利用资源进行成本控制。

（7）台账/报表。运输业务涉及的客户比较多，而且往来频繁，对于每个客户及各分包方的管理显得尤为重要。运输业务的特殊性经常导致与客户之间台账的错误及混乱，物流公司的信息系统对账单的管理能够彻底改变这种状态，系统提供每单的详细账单，也能提供针对不同客户及分包方的台账，并设有到期未付账预警功能。财务人员与市场人员不再因账目不清而苦恼，部门之间工作关系更为融洽。

为了方便管理及绩效考核，物流公司的信息系统设计了标准的作业统计表、单车成本核算报表、利润 ABC 分类报表等几十种报表，并能够以 Word、Excel 格式存储。

(8) 电子商务。随着网络的普及，电子商务作为一种快捷、高效、方便的商务形式被广泛应用。物流公司的信息系统为用户提供了网上下单、网上查询、网上跟踪、客户投诉等功能，能够有效提高服务质量。

(9) 作业优化。物流公司的信息系统能够实现作业优化，如充分利用返程车资源、主要干线沿途运输作业整合等，有效地利用资源降低成本。同时对跨班线运输和聚焦运输具有强大功能。在作业量比较大的情况下，系统还可以将一定时间段内发生的同一种作业集合起来作为一个作业批次执行。

(10) 班线管理。零担运输比较科学的运输模式是班线运输，系统支持班线管理，包括班线路线、班线车辆、班线运单、班线时间、班线分析等功能。

4. 企业运输信息管理系统的主要功能

运输管理是物流中一个主要子系统，运输管理的主要管理对象是运输设备资源、运输线路、人员、客户、订单、运输成本核算、优化及跟踪。

运输管理的主要功能模块设计如下：

(1) 运输设备资源管理。运输设备资源主要包括，运输工具如车辆、船舶以及航空运输设备等。其中所要管理的元素有运输能力（包括装载体积重量）、运输速度（小时公里数）、能源消耗计量等。对于运输业务，还包括运输业务的外包服务，因此运输资源还要包括运输服务提供商的管理。

(2) 运输线路管理。根据运输企业以及运输服务特性不同，分为区域型运输管理、线路型运输管理和混合型运输线路管理。运输线路管理的主要目的是能够建立运输服务区域数据库，并通过对这些数据库的引用并采用一定的算法设计合理的运输线程和运输站点序列。因此，对运输区域的描述是运输线路管理的基础。

(3) 人员管理。在运输管理系统中，人员管理也是十分重要的。对于运输作业来说，尽管系统给定了优化的运输路线，但在作业实况中，会遇到各种意外情况，有经验的驾驶员和没有经验的驾驶员在处理这些意外情况时会表现得不一样，得到的效果也是不一样的，然而有经验的驾驶员的人力成本相对较高，因此如何合理地进行作业人员定岗和任务分配将直接影响到运输作业的完成质量。

(4) 客户管理。运输管理的需求来源主要有以下三个方面：

1）物流公司的运输需要。

2）厂家的送货需求。

3）最终用户提货以及送货需求。

(5) 运输订单管理。运输服务是通过运输需求来驱动的，运输订单是需求的表现形式，先进的运输管理系统应该能够根据用户的不同需求产生不同的运输订单，使用户的运输成本降到最低，同时也使自身的运输成本降到最低。

(6) 运输计划排程。运输计划排程的结果将要达到三个方面的目的：

1）运输成本最低。

2）运输速度最快。

3）运输安全保证最高。

(7) 成本核算。在运输管理中，成本核算主要针对的项目为运输成本，而运输成本中比较难以控制的是可变成本，其中比较主要的是能源消耗的控制。影响能源消耗的因素很多，有路径的长度、通畅能力以及驾驶员的驾驶技术等因素，另外气候也是影响能源消耗的因素之一。目前大多数运输管理在运输可变成本的控制上，主要依据路径长度，而精确的成本核算应该考虑上述所有因素对能源消耗的影响。

(8) 作业跟踪。在实际运输管理中，计划排程的对象并不是一个静止的对象，而是处在不断变化之中的，因此必须设计作业跟踪来对这些变化加以记录和跟踪，因此跟踪是运输管理系统中比较重要且有特色的功能之一。

5. 社会运输信息管理系统的主要功能

社会运输信息管理系统能够科学合理地管理汽车及货物运输，减少浪费，增加社会收入；并且，科学合理地管理汽车及货物运输，能够提高运输效率，加速经济的发展，促进社会的进步。

第 2 章

仓储作业管理

第 1 节　入库作业管理

学习目标

➢了解影响入库作业的因素

➢熟悉入库作业中常见的问题

➢掌握入库作业的基本流程

一、货物的接运方式

到达仓库的商品有一部分是由供应商直接运到仓库交货，其他商品则要经过铁路、公路、航运和空运等运输工具转运。凡经过交通运输部门转运的商品，均需经过仓库接运后，才能进行入库验收。商品接运是商品进货作业的第一道作业环节，也是商品仓库直接与外部发生的经济联系。主要任务是及时而准确地向交通运输部门提取入库商品，要求手续清楚，责任分明，避免将一些在运输过程中或运输前就已经损坏的商品带入仓库，为仓库验收工作创造有利条件。

接运的方式主要有：车站码头提货，铁路专用线接车，自动提货和库内提货等。

1. 车站、码头提货

（1）提货人员对所提取的货物应了解其品名、型号、特性和一般保管知识、装卸搬运注意事项等。在提货前必须做好接运的准备工作，例如装卸运输工具、存放场地等。提货人员在到货前，应该主动了解到货时间和交货情况，根据到货多少，组织装卸人员、机具和车辆，按时前往提货。

（2）提货时应根据运单以及有关资料，详细核对品名、规格、数量，并要注意货物外观，查看包装、封印是否完好，有无沾污、受潮、水渍、油渍等异状。如果有疑点或不符，应当场要求运输部门检查，并做相应记录。

（3）在短途运输中，要做到不混不乱，避免碰坏损失。危险品应按照危险品搬运规定办理。

（4）货物到库后，提货员应与保管员密切配合，尽量做到提货、运输、验收、入库、堆码一条龙作业，从而缩短入库验收时间，并办理内部交接手续。

2. 专用线接车

（1）接到专用线到货通知后，应立即确定卸货货位，力求缩短场内搬运距离；组织好卸车所需要的机械、人员及有关资料，做好卸车准备。

（2）车皮到达后，引导对位，进行检查。看车皮封闭情况是否良好（即铅封、苫布等有无异状），根据运单和有关资料核对到货物名、规格、标志和清点件数；检查包装是否有损坏或有无散包；检查是否有进水、受潮或其他损坏现象。在检查中发现异常情况，应请铁路部门派员复查，做出普通或商务记录，记录内容应与实际情况相符，以便交涉。

（3）卸车时要注意为货物验收和入库保管提供便利条件，分清车号、品名、规格，不混不乱；保证包装完好，不碰坏，不压伤，更不得自行打开包装。应根据货物的性质合理堆放，以免混淆。卸车后在货物上应标明车号和卸车日期。

（4）编制卸车记录，记明卸车货位规格、数量，连同有关证件和资料，尽快向保管人员交代清楚，办好内部交接手续。

3. 仓库自行接货

（1）仓库接受货主委托直接到供货单位提货时，应将这种接货与出验工作结合起来同时进行。

（2）仓库应根据提货通知，了解所提取货物的性能、规格、数量，准备好提货所需要的机械、工具、人员，配备保管人员在供方当场检验质量、清点数量，并做好验收记录，接货与验收合并一次完成。

4. 供货单位送货到库

存货单位或供货单位将商品直接运送到仓库储存时，应由保管员或验收人员直接与送货人员办理交接手续，当面验收并做好记录。若有差错，应填写记录，由送货人员签字证明，据此向有关部门索赔。

5. 承运单位送货到户

交通运输部门等承运部门受供货单位或货主委托送货到仓库，接货要求与供货单位送货到户的要求基本相同。所不同的是：发现错、缺、损等问题后，除了要求送货人当面出具书面证明、签章确认外，还要及时向供货单位和承运单位发出查询函电并做好有关记录。

6. 过户

过户是指对已入库的货物通过购销业务使货物所有权发生转移，但仍储存于原处的一种入库业务。此类过户入库手续，只要接受双方下达的调拨单和入库单，更换户名就可以了。

7. 转库

转库是因故需要出库，但未发生购销业务的一种入库形式。仓库凭转库单办理入库手续。

8. 零担到货

各种形式的零担到货，应由零担运输员负责填写零担到货台账并填写到货通知单。

二、货物接运的差错处理

1. 货运记录的定义

货运记录是货物在运输过程中，发生货损、货差、有货无票、有票无货或其他情况，需要证明承运人同托运人或收货人之间责任和铁路内部之间责任时，发现站当日按批（车）所编制的记录。

货运记录是分析货运事故发生的原因，确定责任方的根据，是承运人与托运人或收货人一旦发生经济纠纷起法律效用的证明文件，也是托运人或收货人向承运人要求赔偿货物损失的依据。

2. 需填写货运记录的情况

当遇有下列情况之一时，则需在发现当日按批（车）编制货运记录：

(1) 发生《铁路货运事故处理规则》第五条、第七条和《铁路货物运输管理规则》《铁路货物运输规则》及其引申规则办法中所规定需要编制的情况时。

(2) 卸车发现施封锁站名或号码与运输票据或封套记载不一致时。

(3) 集装箱封印失效、丢失或封印站名、号码与票据记载不一致，集装箱箱体损坏发生货物损失时。

(4) 货车装载清单上有记载，或记载被划掉未加盖带有单位名称的人名章，而实际无票据无货物时。

(5) 货物运单、票据上记载的货物重量、件数、价格发生涂改，未按规定加盖戳记时。

(6) 集装货件外部状态损坏，货件散落时。

(7) 托运人组织装车、承运人组织卸车或换装，发生货物损失时。

(8) 托运人自备篷布发生丢失时。

(9) 一批货物中的部分货件补送或事故货物回送时。

(10) 发生无票据、无标记的货物和公安机关查获铁路运输中被盗货物移交车站时，以及沿途拾得的铁路运输货物交给车站处理时。

3. 普通记录的定义

普通记录是货物在运输过程中，发生换装、整理或在交接中需要划分责任以及依照其他规定需要编制时，当日按批（车）所编制的一种凭证。

4. 需填写普通记录的情况

当遇有下列情况之一时，需填写普通记录：

（1）发生《铁路货物运输管理规则》中规定的需要编制的情况时。

（2）事故涉及车辆技术状态时。

（3）货车发生换装整理时。

（4）托运人组织装车，收货人组织卸车，货车施封良好，篷布和敞车、平车、砂石车货物装载外观无异状，收货人提出货物有损失，要求车站证明交接现状时。

（5）集装箱运输的货物，箱体完整、施封良好，货物发生损坏时。

（6）依据其他有关规定，需要证明时。

三、货物的入库验收

1. 入库验收的目的

入库验收的目的是保证入库货物质量与数量符合要求。主要包括以下内容：

（1）对单验收。对单验收是指仓库保管员对照进货通知单的品名、规格、质量、价格等依次逐项检查商品，注意有无单货不符或漏发、错发的现象。

（2）数量验收。一般是原件点整数、散件点细数、贵重商品逐一仔细检对。

（3）质量验收。质量验收，是指保管员通过感官或简单仪器检查商品的质量、规格、等级、价格，如外观是否完整无损、零部件是否齐全无缺、食品是否变质过期、易碎商品是否破裂损伤。

2. 货物验收的方式

（1）抽验。对某些批量大、包装规格一致、产品质量稳定、打开包装会影响商品的储存和销售的或储存时间短的商品，可采用抽验的方式。一般抽验比例为5%～15%，抽验中发现问题应扩大抽验比例，直至全验。

（2）全验。对于批量小、规格尺寸和包装不整齐的商品，价值大的、梅雨季节生产的、生产技术水平低、入库前储存时间长的商品和发现商品变质、短缺、残损等情况的都应全验。

3. 验收工作的基本要求

在验收工作中应当遵循三个基本原则：严肃性、准确性和及时性。

4. 验收准备工作的内容

仓库接到到货通知后，应根据货物的性质和批量提前做好验收前的准备工作，大致包括以下内容。

(1）人员准备。安排好负责质量验收的技术人员或用货单位的专业技术人员，以及配合数量验收的装卸搬运人员。

(2）资料准备。收集并熟悉待验货物的有关文件，如技术标准、订货合同等。

(3）器具准备。准备好验收用的检验工具，如衡器、量具等，并校验准确。

(4）货位准备。确定验收入库时存放货位，计算和准备堆码苫垫材料。

(5）设备准备。大批量货物的数量验收，必须要有装卸搬运机械的配合，应做好设备的申请调用。

此外，对于有些特殊货物的验收，如毒害品、腐蚀品、放射品等，还要准备相应的防护用品。

5. 商品入库凭证的名称

(1）入库通知单和订货合同副本，这是仓库接受商品的凭证。

(2）供货单位提供的材质证明书、装箱单、磅码单、发货明细表等。

(3）商品承运单位提供的运单，若商品在入库前发现残损情况，还要有承运单位提供的货运记录，作为向责任方交涉的依据。

6. 数量检验的形式

数量检验是保证物资数量准确不可缺少的重要步骤，一般在质量验收之前，由仓库保管职能机构组织进行。按货物性质和包装情况，数量检验分为三种形式，即计件、检斤、检尺求积。

(1）计件。计件是按件数供货或以件数为计量单位的货物，做数量验收时的清点方式。一般情况下，计件货物应全部逐一点清，固定包装物的小件货物，如果包装完好，打开包装对保管不利。国内货物只检查外包装，不拆包检查；进口货物按合同或惯例办理。

(2）检斤。检斤是按质量供货或以质量为计量单位的货物，做数量验收时称重。金属材料、某些化工产品多半是检斤验收。按理论质量供应的货物，先要通过检斤，如金属材料中的板材、型材等，然后按规定的换算方法换算成质量验收。对于进口货物，原则上应全部检斤，但如果订货合同规定按理论质量交货，则应该按合同规定办理。所有检斤的货物，都应填写磅码单。

(3）检尺求积。检尺求积是对以体积为计量单位的货物，如木材、竹材、砂石等，先检尺后求体积所做的数量验收。凡是经过检尺求积检验的货物，都应该填写磅码单。

在作数量验收之前，还应根据货物来源、包装好坏或有关部门规定，确定对到库货物是采取抽验还是全验方式。

在一般情况下数量检验应全验，即按件数全部进行点数；按质量供货的全部检斤；按理论质量供货的全部先检尺，后换算为质量，以实际检验结果的数量为实收数。

有关全验和抽验，如果货物管理机构有统一规定时，则可按规定办理。

7. 质量检验的形式

质量检验包括外观检验、尺寸精度检验、机械物理性能检验和化学成分检验四种形式。仓库一般只作外观检验和尺寸精度检验，后两种检验如果有必要，则由仓库技术管理职能机构取样，委托专门检验机构检验。

（1）外观检验。在仓库中，质量验收主要指货物外观检验，由仓库保管职能机构组织进行。外观检验是指通过人的感觉器官，检验货物的包装外形或装饰有无缺陷；检查货物包装的牢固程度；检查货物有无损伤，如撞击、变形、破碎等；检查货物是否被雨、雪、油等污染，有无潮湿、霉腐、生虫等。外观有缺陷的货物，有时可能影响其质量，所以对外观有严重缺陷的货物，要单独存放，防止混杂，等待处理。凡经过外观检验的货物，都应该填写“检验记录单”。货物的外观检验只通过直接观察货物包装或货物外观来判别质量情况，大大简化了仓库的质量验收工作，避免了各个部门反复进行复杂的质量检验，从而节省大量的人力、物力和时间。

（2）尺寸精度检验。货物的尺寸精度检验由仓库的技术管理职能机构组织进行。进行尺寸精度检验的货物，主要是金属材料中的型材、部分机电产品和少数建筑材料。不同型材的尺寸检验各有特点，如椭圆型材主要检验的是直径和圆度，管材主要检验壁厚和内径，板材主要检验厚度及其均匀度等。对部分机电产品的检验，一般请用货单位派员进行。尺寸精度检验是一项技术性强、很费时间的工作，全部检验的工作量大，并且有些产品质量的特征只有通过破坏性的检验才能测到。所以，一般采用抽验的方式进行。

（3）理化检验。理化检验是对货物内在质量和物理化学性质所进行的检验，一般主要是对进口货物进行理化检验。对货物内在质量的检验要求一定的技术知识和检验手段，目前仓库多不具备这些条件，所以一般由专门的技术检验部门进行。

以上质量检验是货物交货时或入库前的验收。在某些特殊情况下，尚有完工时期的验收和制造时期的验收，这是指在供货单位完工和正在制造过程中，由需方派员到供货单位进行的检验。应当指出，即使在供货单位检验过的货物，或者因为运输条件不良，或者因为质量不稳定，也会在进库时发生质量问题，所以交货时入库前的检验，在任何情况下都是必要的。

8. 验收中发现问题的处理方法

仓库中的商品来源复杂，涉及商品生产、采购、运输等多个作业环节，不可避免地会出现诸如证件不齐、数量短缺、质量不符合要求等问题。因此，要求在进货验收过程中，要认真细致，区别不同的情况，及时进行处理。

（1）质量检验问题的处理。验收过程中，凡发现质量不符合验收规定的情况，应及时向供货单位办理退货、换货交涉，或征得供货单位同意代为修理，或在不影响使用的前提下降价处理。商品规格不符或错发时，应先将规格对的予以入库，规格不对的商品做好验收记录交给相应部门办理换货。

（2）数量检验问题的处理。数量短缺或溢余在规定范围内的，可按原数入账。凡超过规定范围的，应查对核实，做成验收记录和磅码单交主管部门向供货单位办理交涉。对于数量溢余较大的情况，可选择商品退回或补发货款的方式解决；对于数量短缺较大的情况，可选择按实数签收并及时通知供应商的方式解决。

（3）验收凭证问题的处理。验收凭证问题主要是指验收需要的证件未到或证件不齐全。验收过程中出现此类问题时，要及时向供应商索取，到库商品应作为待检验品堆放在待验区，待证件到齐后再进行验收。证件未到之前，不能验收，不能入库，更不能发货。

（4）证物不符问题的处理。验收过程中发现验收单证与实物不符的情况时，应把到库商品放置于待检区，并及时与供应商进行交涉，可以采取拒绝收货、改单签收或退单、退货的方式解决。

第2节 储存作业管理

学习目标

➢了解仓库的分类

➢掌握仓容定额的相关内容

➢能够运用货位确定的原则进行货位的选择

➢能够完成货位编号作业

一、仓库及其分类

1. 仓库的种类及定义

（1）运营形式分类下仓库的种类及其定义。仓库按运营形式分类主要有自用仓库、营业仓库、公用仓库。

1）自用仓库。自用型仓库是指企业因生产经营需要而设立的自用的仓库。

2）营业仓库。营业仓库是指仓储经营人以其拥有的仓储设施，向社会提供商业性仓储服务的仓储企业。仓储经营人与存货人通过订立仓储合同的方式建立仓储关系，并依合同约定提供服务和收取仓储费。

商业仓储的目的是在仓储活动中获得经济回报，实现经营利润最大化。它主要有提供货物仓储服务和提供仓储场地服务两种形式。

3）公用仓库。公用型仓库是指由主营仓储业务的中国境内独立企业法人经营，专门向社会提供仓储服务的仓库。

（2）保管条件分类下仓库的种类及其定义。按仓库保管条件分类主要有普通仓库，保温、冷藏、恒湿恒温库，危险品仓库和水上仓库。

1）普通仓库。常温下的一般仓库，用于存放一般的物资，对于仓库没有特殊要求。

2）冷藏仓库。冷藏仓库是具有冷却设备并隔热的仓库（10℃以下）。

3）恒温仓库。恒温仓库是能够调节温度、湿度的室外仓库（大致在10～20℃之间）。

4）露天仓库。露天堆码、保管的室外仓库。

5）危险品仓库。保管危险品、高压气体的仓库，以油罐仓库为代表。

6）水上仓库。漂浮在水上的储藏货物的泵船、囤船、浮驳或其他水上建筑，或把木材在划定水面保管的室外仓库。

（3）建筑结构分类下仓库的种类及其定义

1）单层仓库（见图2—1）。单层仓库是最常见的，也是使用最广泛的一种仓库建筑类型，这种仓库只有一层，不需要设置楼梯，它的主要特点是：

图2—1　单层仓库

①设计简单，所需投资较少。

②由于仓库只有一层，因此在仓库内搬运、装卸货物比较方便。

③各种附属设备（例如通风设备、供水设备、供电设备等）的安装，使用和维护都比较方便。

④由于只有一层，仓库全部的地面承压能力都比较强。

2）多层仓库（见图 2—2）。多层仓库一般占地面积较小，多建在人口稠密，土地使用价格较高的地区。由于是多层结构，因此货物一般是使用垂直输送设备来搬运货物，总结起来，多层仓库有以下四个特点：

图 2—2 多层仓库

①多层仓库可适用于各种不同的使用要求，例如可以将办公室和库房分处两层，在整个仓库布局方面比较灵活。

②分层结构将库房和其他部门自然地进行隔离，有利于库房的安全和防火。

③多层仓库作业需要的垂直运输重物技术已经日趋成熟。

④多层仓库一般建在靠近市区的地方，因为它的占地面积较小，建筑成本可以控制在有效范围内，所以，多层仓库一般经常用来储存城市日常用的高附加值的小型商品。使用多层仓库存在的问题在于建筑和使用中的维护费用较大，一般商品的存放成本较高。

图 2—3 立体仓库

3）立体仓库（见图 2—3）。立体仓库又被称为高架仓库，它也是一种单层仓库，但同一般的单层仓库的不同在于它利用高层货架来储存货物，而不是简单地将货物堆积在库房地面上。在立体仓库中，由于货架通常比较高，所以货物的存取需要采用与之配套的机械化、自动化设备。在存取设备自动化程度较高时，多将这样的仓库建为自动化仓库。

4）筒仓（见图 2—4）。筒仓就是用于存放散装的小颗粒或粉末状货物的封闭式仓库，一般这种仓库被置于高架上，例如筒仓经常用来存储粮食、水泥和化肥等。

图 2—4　储粮筒仓

5）露天堆场（见图 2—5）。露天堆场是在露天堆放货物的场所，一般堆放大宗原材料，或者不怕受潮的货物。

图 2—5　露天堆场

（4）仓库功能分类下仓库的种类及其定义。仓库按照它在商品流通过程中所起的作用，可以分为以下七种：

1）采购供应仓库（见图 2—6）。采购供应仓库主要用于集中储存从生产部门收购的和供国际间进出口的商品，这一类的仓库库场多设在商品生产比较集中的大、中城市，或商品运输枢纽的所在地。

图 2—6　采购供应仓库

2）批发仓库。批发仓库主要是用于储存从采购供应库场调进或在当地收购的商品。这一类仓库大多贴近商品销售市场，规模同采购供应仓库相比通常要小一些，它既从事批发供货，也从事拆零供货业务。如图 2—7 所示为某汽车零件批发仓库。

图 2—7　某汽车零件批发仓库

3）零售仓库。零售仓库主要用于为零售业做短期储货，或是提供店面销售。零售仓库的规模较小，所储存物资周转快。如图 2—8 所示为沃尔玛的零售仓库。

4）储备仓库。这类仓库多数由国家设置，以保管国家应急的储备物资和战备物资。货物在这类仓库中储存时间一般比较长，并且储存的物资会定期更新，以保证物资的质量。如图 2—9 所示为大型的粮食储备仓库。

5）中转仓库。中转仓库处于货物运输系统的中间环节，存放那些等待转运的货物，一般货物在此仅做临时停放。这一类仓库大多设置在公路、铁路的场站和水路运输的港口码头附近，以方便货物在此等待装运。如图 2—10 所示为国外物流企业现代化的货物中转

图 2—8　沃尔玛的零售仓库

图 2—9　大型粮食储备仓库

仓库。

6）加工仓库。具有产品加工能力的仓库被称为加工仓库。如图 2—11 所示为某大型生产企业的加工仓库。

7）保税仓库。保税仓库是指为国际贸易的需要，设置在一国国土之上，但在海关关境以外的仓库。外国企业的货物可以免税进出这类仓库办理海关申报手续，经过批准后，可以在保税仓库内对货物进行加工、存储等作业。如图 2—12 所示为某保税仓库的一角。

采购供应仓库、批发仓库以及零售仓库在物流供应链中形成了前后衔接的关系，具体如图 2—13 所示。一般来说，生产出来的产品首先是被储存在采购供应仓库，然后流向批发仓库，之后是零售仓库，最后商品进入卖场，在那里向最终用户销售。

图 2—10　国外物流企业现代化的货物中转仓库

图 2—11　大型生产企业的加工仓库

2. 仓库 5S 管理

(1) 5S 的含义。“5S”是整理、整顿、清扫、清洁和素养这 5 个词的缩写。因为这 5 个词日语中罗马拼音的第一个字母都是“S”，所以简称为“5S”。开展以整理、整顿、清扫、清洁和素养为内容的活动，称为“5S”活动。

• 整理，即将工作场所和周围无用的物品清理掉。

• 整顿，即保证有用的材料有序摆放，随时备用。

• 清扫，即保持机器、仪器等清洁。

• 清洁，即以改善工作环境为基础制定标准。

• 素养，即坚持制定的标准并不断完善，检查。

(2) 实行 5S 的活动范围

图 2—12　某保税仓库的一角

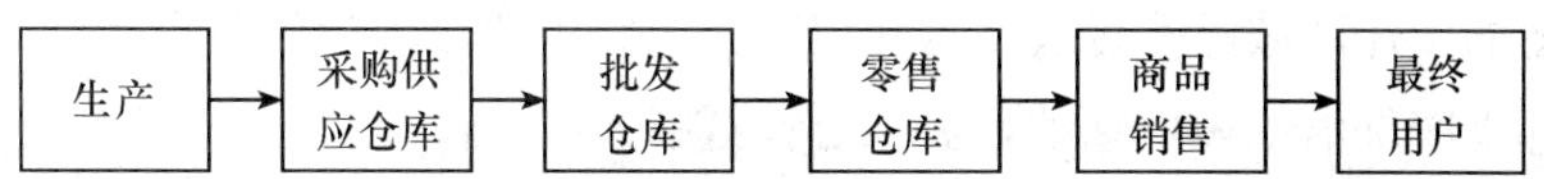

图 2—13　仓库供应关系

1）整理。整理就是将必需物品与非必需品区分开。必需品摆在指定位置并挂牌明示，实行目标管理；不要的东西则坚决处理掉，在岗位上不要放置必需品以外的物品。这些被处理掉的东西可能包括原辅材料、半成品和成品、设备仪器、工模夹具、管理文件、表册单据等。其要点如下：

①对每件物品都要看看是必要的吗？非这样放置不可吗？

②要区分对待马上要用的、暂时不用的、长期不用的。

③即便是必需品，也要适量；将必需品的数量降低到最低程度。

④在哪儿都可有可无的物品，不管是谁买的，有多昂贵，也应坚决处理掉，绝不手软。

⑤非必需品是指在这个地方不需要的东西，而在别的地方或许有用，并不是“完全无用”的意思，应寻找它合适的位置。

⑥当场地不够时，不要先考虑增加场所，要整理现有的场地，你会发现竟然还很宽绰。

2）整顿。除必需物品放在能够立即取到的位置外，一切乱堆乱放、暂时不需放置而又无特别说明的东西，均应受到现场管理干部（小组长、车间主任等）的责任追究。这种整顿对每个部门都同样重要，它其实也是研究提高效率方面的科学，它研究怎样才可以立即取得物品，以及如何能立即放回原位。任意存放物品并不会让你的工作速度加快，反而使你的寻找时间加倍，你必须思考分析怎样拿取物品更快，并让大家都能理解这套系统，遵照执行。这样：

①将寻找的时间减少为零。

②有异常（如丢失、损坏）能马上发现。

③其他人员也能明白要求和做法，即其他人员也能迅速找到物品并能放回原处。

④不同的人去做，结果是一样的（已经标准化）。

3）清扫。就是将工作场所、环境、仪器设备、材料、工具等上的灰尘、污垢、碎屑、泥沙等脏东西清扫擦拭干净，创造一个一尘不染的环境，公司所有人员（含董事长）都应一起来执行这个工作。

①最好能分配每个人应负责清洁的区域。分配区域时必须绝对清楚地划清界限，不能留下没有人负责的区域（即死角）。

②对自己的责任区域都不肯去认真完成的员工，不要让他担当更重要的工作。

③到处都干净整洁，客户感动，员工心情舒畅。

④在整洁明亮的环境里，任何异常，包括一颗螺钉掉在地上都可马上发现。

⑤设备异常在保养中就能发现和得到解决，不会在使用中“罢工”。

4）清洁。清洁就是在“整理”“整顿”“清扫”之后的日常维持活动，即形成制度和习惯。每位员工随时检讨和确认自己的工作区域内有无不良现象，如有，则立即改正。在每天下班前几分钟（视情况而定）实行全员参加的清洁作业，使整个环境随时都维持良好状态。实施了就不能半途而废，否则又回到原来的混乱状态。

5）素养。素养就是培养全体员工良好的工作习惯、组织纪律和敬业精神。每一位员工都应该自觉养成遵守规章制度、工作纪律的习惯，努力创造一个具有良好氛围的工作场所。如果绝大多数员工能够将以上要求付诸实践的话，个别员工就会抛弃坏的习惯，转向好的方面发展。

①学习、理解并努力遵守规章制度，使它成为每个人应具备的一种修养。

②领导者的热情帮助与被领导者的努力自律是非常重要的。

③需要人们有更高的合作奉献精神和职业道德。

④互相信任，管理公开化、透明化。

⑤勇于自我检讨反省，为他人着想，为他人服务。

近年来，随着人们对这一活动的不断深入认识，有人又添加了“坚持、习惯”等内容，分别称为“6S”或“7S”活动。

二、货物存储规划

1. 分区分类储存的概念

仓库商品的分区分类储存是根据“四一致”的原则，把仓库划分为若干保管区域；把储存商品划分为若干类别，以便统一规划储存和保管。

2. 分区分类储存的原则

仓库分区分类储存商品应遵循以下原则：

(1) 商品的自然属性、性能应一致。

(2) 商品的养护措施应一致。

(3) 商品的作业手段应一致。

(4) 商品的消防方法应一致。

3. 分区分类储存的方法

由于仓库的类型、规模、经营范围、用途各不相同，各种仓储商品的性质、养护方法也迥然不同，因而分区分类储存的方法也有多种，需统筹兼顾，科学规划。常用的分区分类方法有：

(1) 按商品的种类和性质分区分类储存。

(2) 按商品的危险性质分区分类储存。

(3) 按商品的发运地分区分类储存。

(4) 按仓储作业的特点分区分类储存。

(5) 按仓库的条件及商品的特性分区分类储存。

4. 专仓专储的概念

专仓专储是对某些性质特殊、不宜与其他物资共储的物资，在仓库中划出专门的区域，进行专门储存、保管保养的方法。如贵重物资、危险品等，不仅要专仓专储，而且还要指定专人保管保养。

5. 分区分类与专仓专储的区别

(1) 仓库的性质不同。

(2) 储存商品的种类多少不同。

(3) 储存商品的数量多少不同。

(4) 储存商品的性质不同。

三、货位的确定

1. 货位的概念

货位是指仓库中实际可用于堆放商品的面积。货位的选择是在商品分区分类的基础上进行的，所以货位的选择应遵循确保商品安全，方便吞吐发运，力求节约仓容的原则。

2. 货位编号

货位编号是将库房、货场、货棚、货垛、货架按物品的存放具体位置顺序，统一编列号码，并做出明显标志。

（1）货位编号的要求

货位的编号就好比商品在仓库中的住址，必须符合“标志明显易找，编排循规有序”的原则。具体编号时，须符合以下要求：

1）标志设置要适宜。货位编号的标志设置，要因地制宜，采用适当的方法，选择适当的地方。如无货架的库房内，走道、支道、段位的标志，一般都刷置在水泥或木板地坪上；有货架库房内，货位标志一般设置在货架上。

2）标志制作要规范。货位编号的标志如果随心所欲、五花八门，很容易造成单据串库、商品错收、错发等事故。统一使用阿拉伯字码制作标志，就可以避免以上弊病。为了将库房以及走道、支道、段位等加以区别，可在字码大小、颜色上进行区分，也可在字码外加上括号、圆圈等符号加以区分。

3）编号顺序要一致。整个仓库范围内的库房、货场内的走道、支道、段位的编号，通常都以进门的方向左单右双或自左向右顺序编号的规则进行。

4）段位间隔要恰当。段位间隔的宽窄，应取决于货种及批量的大小。同时应注意的是，走道、支道不宜经常变更位置，变更编号，因为这样不仅会打乱原来的货位编号，而且会使保管员不能迅速收发货。

（2）货位编号的原则

1）货位准确性。在仓储中，必须首先将储存区详细规划区分，并标识编号。其次，将储位编号，从而让每一项预备储放的货物都有明确的存放位置。

2）货位有效性。依据货物保管要求的不同，寻求合适的储存单位、储存策略、指派法则，把货物有效的配置在先前规划的储位上。所谓有效性就是按照货物合理安排相应的储位。例如冷冻货物需存于冷库；易燃易爆货物存放于特殊仓库；高流通货物存放于靠近出入口处等。

3）货位明晰性。当货物放入储位后，要对货物的数量、品种、存放位置、拣货取出、淘汰更新和损伤等变化情况进行详细登记，做到货物与账单完全吻合。

(3) 货位编号的方法

1) 仓库内储存场所的编号。整个仓库内的储存场所若有库房、货棚、货场，则可以按一定的顺序（自左向右或自右向左），各自连续编号。库房的编号一般写在库房的外墙上或库门上，字体要统一、端正，色彩鲜艳、清晰醒目、易于辨认。货场的编号一般写在场地上，书写的材料要耐摩擦、耐雨淋、耐日晒。货棚编号书写的地方，则可根据具体情况而定，总之应让人一目了然。

2) 库房编号。对于多层库房的编号，常采用“三位数编号”“四位数编号”或“五位数编号”。“三位数编号”是用三个数字或字母依次表示库房、层次和仓间，如 131 编号，表示 1 号库房、3 层楼、1 号仓间。“四位数编号”是用四个数字或字母依次表示库房、层次、仓间和货架，如 1331 编号，表示 1 号库房、3 层楼、3 号仓间、1 号货架。“五位数编号”是用五个数字或字母依次表示库房、层次、仓间、货架、货格，如 13311，表示 1 号库房，3 层楼，3 号仓间，1 号货架，1 号货格。

3) 货位编号。货位布置的方式不同，其编号的方式也不同。货位布置的方式一般有两种，横列式和纵列式。横列式即货位横向摆放，可采用横向编号。纵列式，即货位纵向摆放，常采用纵向编号。

3. 货位管理的目标

货位管理是指对仓库存放物资的货位进行的规划、分配、使用、调整等项工作。

货位管理的目标是充分有效地利用空间。尽可能提高人力资源及设备的利用率。有效地保护好物料的质量和数量。维护良好的储存环境，使所有在储物料处于随存随取状态。

4. 固定货物货位的特点

固定货位亦称“固定料位”。对某一货位严格规定只能存放某一规格品种的货品，而不能存放其他货品。其主要优点是每一种货品存放的位置固定不变，管理人员容易熟悉并记住各种货品的不同货位，便于收发查点，能提高收发货效率并减少差错。如绘制成货位分布图，非本库管理人员也能比较容易地找到所需货位。其缺点是不能充分利用每一个货位，造成储存能力的浪费。为了利用其优点，克服其缺点，存入货架的小件货品可用固定货位，就地堆垛的大宗货品可采用自由货位。

5. 不固定货物货位的特点

每一个货位均可以存放任何一种物资（相互有不良影响者除外）。只要货位空闲，入库各种货品均可存入。其主要优点是能充分利用每一个货位，充分发挥每一个货位的作用，提高物流中心的储存能力。其缺点是每个货位的货品经常变动，每种物资没有固定的位置，管理人员在收发查点时寻找货品比较困难，影响工作效率并容易造成收发差错。如利用计算机进行货位管理，一般均采取自由货位。

6. **货位的使用方式**

（1）不固定货物的货位。不固定货位虽然能提高货位使用率，但是仓库内显得混乱，不利于管理和货物查找。周转极快的专业流通仓库，货物保管时间极短，大都采用不固定方式。计算机管理能弥补仓库管理和货物查找方面的不足。采用不固定货位的方式，必须遵循仓储的分类安全原则。

（2）固定货物的货位。把确定的货物存放在这类货位中，严格地区分使用，绝不混用、串用。一般长期货源的计划库存、配送中心等大都采用这种方式。固定货位是专门用来存储固定货物的，便于拣选、查找货物，但是仓容利用率较低。由于是固定货物，可有针对性地对货位进行装备，便于提高货物保管质量。

（3）分类固定货物的货位。对货位进行分片、分区，同一区内只存放一类货物，但在同一区内的货位则采用不固定使用的方式。这种方式有利于货物保管，也有利于货物查找，提高货位使用率。大多数储存仓库都使用这种方式。

7. **选择货位的原则**

（1）确保商品安全原则

为确保商品质量安全，在货位的选择时，应注意以下八个方面的问题：

1）怕潮、易霉、易锈的商品，应选择干燥或密封的货位。

2）怕光、怕热、易融的商品，应选择低温的货位。

3）怕冻的商品，应选择不低于0℃的货位。

4）易燃、易爆、有毒、腐蚀性、放射性的危险品，应存放在郊区仓库分类专储。

5）性能相互抵触或有挥发性、串味的商品，不能同区存储。

6）消防灭火方法不同的商品，要分开储存货区。

7）同一货区的商品中，存放外包装含水量过高的商品会影响邻垛商品的安全。

8）同一货区储存的商品中，要考虑有无虫害感染的可能。

（2）方便吞吐发运的原则。货位的选择，应符合方便吞吐的原则，要方便商品的进出库，尽可能缩短收发货作业时间。除此之外，还应该兼顾以下四个方面：

1）收发货方式。采取送货制的商品，由于分唛理货，按车排货、发货的作业需要，其储存货位应靠近理货、装车的场地；采取提货制的商品，其储存货位应靠近仓库出口，便于外来提货的车辆进出。

2）操作方法和装卸设备。各种商品具有不同的包装形态、包装质地和体积质量，因而需要采用不同的操作方法和设备。所以，货位的选择必须考虑货区的装卸设备条件与仓储商品的操作方法相适应。

3）货物吞吐快慢，仓储商品的流转快慢不一，有着不同的活动规律。对于快进快出的商品，要选择有利于车辆进出库的货位；滞销久储的商品，货位不宜靠近库门；整进零出的商品，要考虑零星提货的条件；零进整出的商品，要考虑到集中发运的能力。

(3) 尽量节约仓容的原则。货位的选择，还要符合节约的原则，以最小的仓容储存最大限量的商品。在货位负荷量和高度基本固定情况下，应从储存商品不同的体积、质（重）量出发，使货位与商品的质（重）量、体积紧密结合起来。对于轻泡商品，应安排在负荷量小和空间高的货位。对于实重商品，应安排在负荷量大而且空间低的货位。

除此之外，在货位的选择和具体使用时，还可以根据仓储商品具有吞吐快慢不一的规律，针对操作难易不同的特点，把热销和久储、操作困难和省力的商品，搭配在同一货区储存，这样，不仅能充分发挥仓容使用的效能，而且还能克服各个储存区域忙闲不均的现象。

四、仓容定额

1. 仓容定额概述

(1) 仓容定额的种类

1) 仓库面积利用率：指仓库有效面积与使用面积的合理比率。

2) 单位面积储存量定额：指在单位有效面积储存商品数量。

3) 仓容定额：指仓库有效面积和单位面积储存量的乘积，即仓库的容量，或称该仓库的储存能力。

(2) 影响仓容定额的因素。仓容定额的大小受到物品本身外形、包装状态、仓库地坪的承载能力、装卸作业手段等因素的影响。

(3) 仓容定额的计算公式。仓容定额的确定应根据商品品种、性能和包装特点、仓库技术条件和管理水平等因素。合理确定仓容定额是制订储存计划的重要环节。通常是利用统计分析法和技术测定法制定仓容定额，并采取领导与群众相结合的方法，按照先进合理的原则进行，并经仓库管理部门讨论批准后再具体实施、考核，需要时予以调整。合理确定仓容定额，可以充分地利用现有仓库容积，最大限度地发挥仓库的储存能力。仓容定额制定得太高，会造成错误地计算储存能力，使储存计划目标超过现实可能而无法执行。仓容定额制定过低，又会降低仓容利用率，影响仓库扩大经营和企业总目标的实现。

核定仓容定额的计算公式：

1) 按尺码吨计算的商品的储存量（吨），一般用于泡货仓库，指体积达 4 立方米及以上，而毛重不足 1 000 千克的商品。

仓容定额＝(使用面积×面积利用率)×(库房可堆货高度×高度利用率÷4 立方米)

2) 按质量吨计算的商品的储存量（吨），一般用于按质量“吨”计算的商品的储存仓库定额，指商品毛重大于1 000千克，而体积不足4立方米，以商品的实际质量“吨”计算。

仓容定额=（使用面积×面积利用率）×（地坪载重量×载重量利用率）

（4）提高仓容使用效能的方法

1）控制管理仓储空间的进出使用率。把仓储空间分区规划成：存货区（高、低库存）、中转区（待出货）、退货区。

2）控制管理出货时间成本。货品进出时间数/货品体积、质（重）量率/物流收入金额等换算货品物流周转率。

3）控制人力成本与生产力。简化作业流程/手写进、出、存管理追踪表与货品单、库存单（可以用不同色系表单分类）。

2. 仓库面积利用率

仓库面积利用率是仓库可利用面积与仓库建筑总面积的比率；仓库容量利用率是库存商品实际数量或容积与仓库应存放数量或容积的比率。

仓库面积利用率是衡量仓库利用程度的重要指标，是反映仓库管理工作水平的主要经济指标之一，它为分析仓库的实际利用效率高低，挖潜多储，提供了依据。

（1）仓库面积的构成

1）仓库总面积：仓库外墙线算起，整个围墙内所占的全部面积。

2）仓库建筑面积：对仓容指标而言，指生产性建筑面积，即库房、货场、货棚所占的面积之和。

3）仓库使用面积：仓库内可用来存放商品的面积之和，即库房、货棚、货场的使用面积之和（库房的使用面积为库房建筑面积减去外墙、内柱、间隔墙及固定设施等所占的面积。

4）仓库有效面积：指仓库内实际存放物品所占的面积。包括货垛、货架等所占面积的总和。

5）仓库实用面积：指在仓库使用面积中实际用来堆放各种商品所占用的面积之和。

6）仓库面积有效率

仓库面积有效率=（仓库有效面积/仓库使用面积）×100%

（2）仓库面积利用率的计算。

仓库面积利用率=报告期商品实际堆放面积/报告期仓库总面积

其中，报告期商品实际堆放面积是指报告期仓库中商品储存堆放所实际占据的有效面积之和。报告期仓库的总面积是指从仓库围墙线算起，整个围墙内所占有的面积。

（3）仓库有效面积的定义及计算。在库房、货棚、货场内计划用来存放商品的面积之和（库房的使用面积减去必要的走道、墙距、柱距、垛距以及待检区、待处理区、备料区之后所剩余的面积）。

（4）单位面积储存量的测定。单位面积储存量是指单位有效面积里储存商品的数量。

3. 仓库载重量利用率

（1）体积吨的定义。体积吨是水运轻货时，计算运费所使用的一种计算单位。以货物占用货舱容积每 1.133 立方米折算为 1 吨，叫做 1 体积吨。

体积吨多使用于轻量货（亦即每 1 立方米体积的质量小于 1 吨的货物），例如毛衣、布匹、塑料花等，船公司均以体积吨为单位计收运费。目前一般费率表所采用的体积吨多为 1 立方米，有些则以 40 立方英尺为一单位。货物如按体积吨计算运费，费率表中的费率基准以“M”表示。

（2）体积吨的计算

体积质量（吨）＝货物体积（立方米）/1.133（立方米/吨）

或者：

体积质量（吨）＝货物体积（立方英尺）/40（立方英尺/吨）

（3）仓库载重量利用率的定义。仓库载重量即库房地面的安全载重量。它表示库房每平方米地面所能承载的商品在静止状态下的重量。仓库载重量利用率是指库房单位面积平均实际载重量与单位面积核定载重量的百分比。

（4）仓库载重量利用率的计算

仓库载重量利用率＝库房单位面积平均实际载重量/单位面积核定载重量×100％

4. 仓库可用高度利用率

（1）仓库可用高度利用率的计算。仓库可用高度利用率即库房高度与库房有效高度的比率。

库房可用高度利用率＝货垛或货架平均高度/库房可用高度×100％

（2）商品容重的定义及计算。商品的容重指每立方米体积的商品质量。

（3）库房容载的定义及计算。库房的容载指每立方米库房可容纳的商品的质量。

（4）容载利用系数的计算。所谓容载利用系数是指商品的容重和库房的容载的比值。即：

容载利用系数＝商品的容重/库房的容载

容载利用系数越接近 1，仓容的利用率越高，如果容载利用系数不等于 1，可有如下的结果：

1）容载利用系数小于 1，它与 1 的离差为负数。这种情况表明在库房高度被充分利用的情况下，库房载重量未被充分地利用，而负离差的绝对值就是库房载重量未被利用的比值。

2）容载利用系数大于1，它与1的差为正数。这种情况表明在库房载重量被充分利用的情况下，库房高度未被充分利用，正离差与容载利用系数倒数的乘积，就是库房高度未被充分利用的比值。

容载利用系数越接近1，表明仓库利用程度越高。因此可以根据各库房容载利用系数与1的离差来选择安排货位的最优方案。

第3节 盘点作业管理

学习目标

➤掌握物品的盘点流程、技巧和方法

➤能够完成盘点作业的实际操作

一、盘点作业基础知识

1. 盘点作业概述

在仓储作业过程中，商品处于不断地进库和出库，在作业过程中产生的误差经过一段时间的积累会使库存资料反映的数据与实际数量不相符。有些商品因长期存放，使品质下降，不能满足用户需要。为了对库存商品的数量进行有效控制，并查清商品在库房中的质量状况，必须定期对各储存场所进行清点作业，这一过程我们称为盘点作业。

（1）盘点作业的作用

1）确定现存量。盘点可以确定现有库存商品实际库存数量，并通过盈亏调整使库存账面数量与实际库存数量一致。由于多记、误记、漏记，使库存资料记录不实。此外，由于商品损坏、丢失、验收与出货时清点有误；有时盘点方法不当，产生误盘、重盘、漏盘等。为此，必须定期盘点确定库存数量，发现问题并查明原因，及时调整。

2）确认企业资产的损益。库存商品总金额直接反映企业流动资产的使用情况。库存量过高，流动资金的正常运转将受到威胁，而库存金额又与库存量及其单价成正比，因此必须通过盘点准确地计算出企业实际损益。

3）核实商品管理成效。通过盘点可以发现作业与管理中存在的问题，并通过解决问题来改善作业流程和作业方式，提高人员素质和企业的管理水平。

（2）盘点作业的原则。

在进行商品盘点时，应该按照以下原则进行：

1）真实：要求盘点所有的点数、资料必须是真实的，不允许作弊或弄虚作假，掩盖漏洞和失误。

2）准确：盘点的过程要求是准确无误，无论是资料的输入、陈列的核查、盘点的点数，都必须准确。

3）完整：所有盘点过程的流程，包括区域的规划、盘点的原始资料、盘点点数等，都必须完整，不要遗漏区域、遗漏商品。

4）清楚：盘点过程属于流水作业，不同的人员负责不同的工作，所以所有资料必须清楚，人员的书写必须清楚，货物的整理必须清楚，才能使盘点顺利进行。

（3）库存盘点的种类

1）账面盘点。账面盘点是把每天入库及出库商品的数量及单价记录在计算机中或账簿上，而后不断地累计加总算出账面上的库存量及金额。

2）现货盘点。现货盘点是实地点数，调查仓库内的实际库存数，再计算库存金额的方法。

正常情况下，账面盘点与现货盘点的结果应完全一致。如存在差异，即产生账物不符的现象，就应分析，寻找错误原因，划清责任归属。

2. 盘点作业的步骤

盘点作业的程序如图 2—14 所示。

3. 盘点的方法

（1）商品盘点按其对象分为账面盘点及现货盘点两种。

1）账面盘点，又称永续盘点，就是把每天入库及出库商品的数量及单价，记录在电脑或账簿上，而后不断地累计加总算出账面上的库存量及库存金额。

2）现货盘点，又称实地盘点，也就是实地去点数，调查仓库内商品的库存数，再依商品单价计算出库存金额的方法。

因而如要得到最正确的库存情况并确保盘点无误，最直接的方法是确定账面盘点与现货盘点的结果完全一致。如存在差异，即是产生账货不符的现象，就应分析寻找错误原因，弄清究竟是账面盘点记错还是现货盘点点错，划清责任归属。

（2）商品盘点按照盘点工具的不同分为手工盘点、盘点机盘点。

1）手工盘点：主要靠人员手工记录盘点内容，商品数据，然后跟计算机核对。

2）盘点机盘点：利用数据采集器设备，把需要盘点的商品信息导入到采集器中，然后利用盘点机扫描商品条码，显示相应的信息，盘点人员根据现实数量录入采集，最后导入系统管理软件比对，生成盘盈盘亏单。

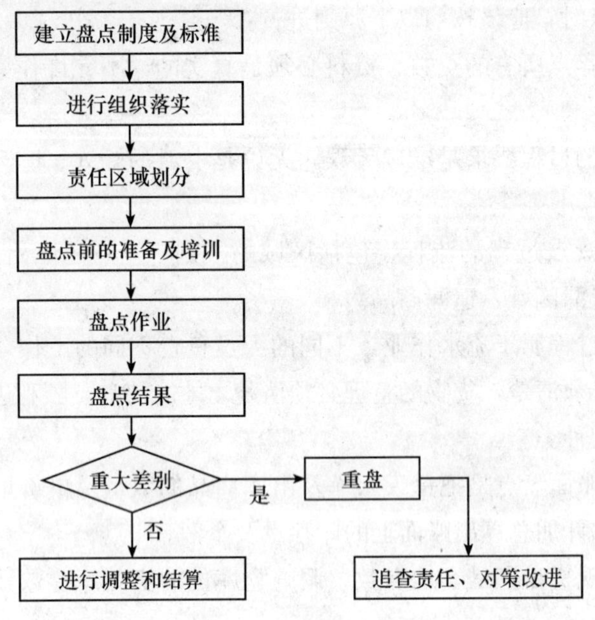

图 2—14　盘点作业的程序

(3) 商品盘点按照组织方式的不同分为复式平行盘点法和按时盘点法。

1) 复式平行盘点法的定义，即组织两套班子，平行盘点，互相核对复查的盘点方法。

2) 按时盘点法的定义，即按照计划的时间定期或不定期地按时盘点。

4. 盘点的技巧

(1) 固定货卡记销记存法。指预先为每垛货物配置固定的标签，这种标签也叫“货卡”或“垛卡”。货卡上可记录该垛货物的出、入库信息，包括货物名称、数量、规格、出入库类型、客户等基本信息。在盘点作业实施时，只需核算最后的库存数量即可。

(2) 标尺测量法。指在盘点成垛堆码的货物数量时，先测量出货垛的长、宽、高，计算出整垛货物的体积，然后与单件或单箱货物的体积相除，从而计算出货物的数量，以提高盘点速度。

(3) 压码加零法。不同包装箱规格的货物堆码方式不同，但在堆码数量上有一定的规律可循，或者各层货物堆码数量相同，或者奇数层与奇数层、偶数层与偶数层货物堆码数量相同。因此在盘点作业实施时，在盘点每托盘或每垛平地堆码的货物时，可先按上述规律盘点整层的货物数量，最后盘点最顶层零散存放的货物，然后将两个数量相加即可。

(4) 零整分放、盘整加零法。为便于管理，仓库可根据货物的存储单元划分为整件存储区与零散存储区。即将整箱或整托盘货物与单件或零散货物分开存储。在盘点作业实施时，可以快速盘点整箱或整托盘货物，然后盘点零散货物，在盘点数量统计上只需将两次盘点的数量相加即可。零整分放、盘整加零法有助于提高盘点作业的速度及准确率。

5. 盘点工作的评估内容

盘点评价指标如下：

$$盘点数量误差=实际库存数-账面库存数$$

$$盘点数量误差率=\frac{盘点数量误差}{实际库存数}\times 100\%$$

$$盘点品项误差率=\frac{盘点误差品项数}{盘点实际品项数}\times 100\%$$

$$平均每件盘差品金额=\frac{盘点误差金额}{盘点误差量}\times 100\%$$

$$平均每品项盘差次数率=\frac{盘差次数}{盘差品项数}\times 100\%$$

6. 盘点作业人员的职责

（1）总盘人。主要负责盘点工作的统一领导和督察盘点工作的有效进行，对盘点中出现异常情况进行处理，并负责考核及奖惩盘点人员。

（2）盘点人。具体负责盘点工作。盘点作业要确定责任区域并落实到人。

（3）复核人。对盘点人盘后数据的准确性和真实性进行复查核对，以免出现差错。

（4）汇点人。主要负责盘点记录工作。

（5）协点人。主要负责盘点物品的搬运和整理工作。

（6）监点人。主要负责盘点的监督工作，以确保盘点工作的正常运行。

（7）协调人。由相关部门派人担任，主要负责协调部门之间的工作。

二、呆废物料管理

呆料是指库存时间过长，而使用极少或有可能根本不用的物料。废料是指因某些原因而丧失其使用价值，同时也无法改他用的物料。

1. 呆废物料产生的原因

（1）因滞销而引起生产变更，致使物料积压。

（2）因设计变更或失误，造成呆废物资的发生。

（3）因验收疏忽或经检验合格的物料中仍含有少量的不合格品。

（4）因保管不当或保存过久而变质。

（5）加工后所剩下的边角料或碎屑等。

（6）因请购和采购不当而造成呆废物资。

（7）用料预算大于实际使用。

（8）代客加工余料。

2. 呆废物料处理的目的

（1）物尽其用。呆废物料闲置在仓库内而不加以利用，时间太长，会使物料生锈、受潮、变质等，使其丧失使用功能。因此，应及时利用。

（2）减少资金占用。呆废物料闲置在仓库中而不及时处理和利用，会占用一部分资金。

（3）节省储存费用。呆废物料若能及时处理，可以省去因管理这些呆废物料而发生的各项管理费用。

（4）节省储存空间。呆废物料及时处理，可以减少仓储空间上的占用。

3. 呆废物料的预防

总体来说，可以从以下十个方面预防呆废物料的产生：

（1）加强市场调查，做出恰当的销售计划，避免因滞销而物料积压。

（2）加强物资的请购、采购作业管理与监督，避免误请、误购物资发生，减少呆废物料。

（3）加强验收功能，避免不合格物资混入。

（4）变更产品设计时，应尽量将原有物料用完，除非不得已，否则不要中途改用新物料。

（5）实施物料品种、规格简单化，功能多用化，以减少呆废物料的发生。

（6）依物资的分类，采用不同的存量控制法，防止物资库存多变及变质。

（7）加强各子、母公司及各部门之间的沟通，减少呆废物料的发生。

（8）加强设计部门的成本观念，应该力求设计完整，先经试验后再加以量试，减少呆废物料的发生。

（9）加强生产现场和物资搬运管理，减少呆废物料的发生。

（10）加强物资储运管理，防止物质损坏变质。

4. 呆废物料的处理方法

（1）转用：转用于其他产品的生产。

（2）修正再用：在规格等方面稍加修正后加以利用。

（3）拆零利用：将有用的零件回收利用。

（4）调换：与加工商或供应商协调，等价调换其他物资。

（5）转赠：转送其他单位使用。

（6）降价出售：将呆废物资降价出售，回收部分资金。

（7）报废：呆废物资无法进行上述处理时，只能进行销毁，以免占用仓库空间。

三、盘点差异处理

1. 盘点误差产生的原因

盘点会将一段时间以来积累的作业误差，及其他原因引起的账物不符暴露出来。发现账物不符，而且差异超过容许误差时，应立即追查产生差异的原因，这些原因通常可能来自以下一些方面：

（1）计账员素质不高，登录数据时发生错登、漏登等情况。

（2）账物处理系统管理制度和流程不完善，导致数据出错。

（3）盘点时发生漏盘、重盘、错盘现象，盘点结果出现错误。

（4）盘点前数据资料未结清，使账面数据不准确。

（5）出入库作业时产生误差。

（6）货物损坏、丢失等原因。

查清原因后，为了通过盘点使账面数与实物数保持一致，需要对盘点盈亏和报废品一并进行调整。

2. 盘点差错的处理方法

商品盘点差异原因追查清楚后，应制定解决办法。

（1）盘点账货的差异在容许范围之内，由仓库负责人审核、批准核销；超过容许范围的应及时查明原因，常有磅差、保管耗损、计量方法不同及差错等原因。

（2）对废次品、不良品减价的部分，应视为盘亏。

（3）存货周转率低，占用金额过大的库存商品宜设法降低库存量；呆滞品比例过大，宜设法研究，致力于降低呆滞品。

（4）盘点工作完成后，所发生的差错、呆滞、变质、破损、盈亏、损耗、超储等结果，应予以迅速处理，并防止以后再发生。

（5）账外商品（未经正式入账的在库商品及已销账的待出库运送商品）应与库存商品严格区分，以免混淆实际库存数。

第 4 节　出库作业管理

学习目标

➢熟悉出库的要求与形式

➢能够进行出库作业基本流程的操作

一、出库准备

1. 出库形式的种类

(1）送货。仓库根据货主预先送来的出库通知或出库请求，凭仓单通过发货作业，把应发物品交由运输部门送达收货人，这种发货形式称为送货制。仓库实行送货，要划清交接责任。

(2）收货人自提。这种发货形式是由收货人或其代理人持仓单直接到仓库提取物品，仓库凭单发货，这种发货形式称为提货制。它具有“提单到库，随到随发，自提自运”的特点。为划清交接责任，仓库发货人与提货人在仓库现场，对出库物品当面交接并办理签收手续。

(3）过户。过户是一种就地划拨的出库形式，物品虽未出库，但是所有权已从原存货户头转移到新存货户头。仓库必须根据原存货人开出的正式过户凭证，才予以办理过户手续。日常操作时，往往是仓单持有人的转让，这种转让要经过合法手续。

(4）取样。取样是货主出于对物品质量检验、样品陈列等需要，到仓库提取货样而形成部分物品的出库。货主取样时必须持有仓单，仓库也必须根据正式取样凭证才予以发给样品，并做好账务登记和仓单记载。

(5）转仓。货主为了方便业务开展或改变储存条件，需要将某批库存物品自某仓储企业的甲库转移到该企业的乙库，这就是转仓的发货形式。转仓时货主必须出示仓单，仓库根据货主递交的正式转仓申请单，给予办理转仓手续，并同时在仓单上注明有关信息资料。转仓只是在同一仓储企业不同仓库进行。若需要从 A 企业的某仓库将物品转移到 B 企业的某仓库，应该办理正常的出库和入库手续。

2. 出库前准备工作的内容

为了准确、及时、安全、节约地搞好商品出库，提高工作效率，仓库应根据出库凭证的要求，做好如下准备工作：选择发货的货区、货位，检查出库商品、拆除货垛苫盖物，安排好出库商品的堆放场地，安排好人力和机械设备，准备好包装材料等。送货上门的商品要备好运输车辆，代办托运的要与铁路、公路、水路等承运部门联系等。

3. 备货的注意事项

（1）准备附件。要准备的附件包括技术标准证件、合格证、使用说明书、质量检验书等。

（2）备货地点。原则上在备货发货区域内备货、清点、复核，批量大、品种少的发货时，在备货区准备单品种的零头，整托盘、整箱的物料在原货位上等待出库，减少搬运次数。供应生产线时，可以在开工前在线上备货交接。

（3）备货人员。根据行业不同、业务能力不同，由库管员、分拣员、叉车司机、辅助工人负责备货。

（4）备货时间。快速消费品如饮料食品，需要晚上备好货，第二天早上 5 点至 7 点送到超市、经销点；白天准备长途运输的备货出库，24 小时循环往复不停。其他行业一般是当天备货当天发货，或前一天备货第二天发货。管理不善的可能备货后一个月才发货。

（5）备完货后可以二次清点总数

1）检查是否漏配、是否多配，减少出现差错的机会。

2）复核：防止备货过程中出现问题。

3）登账：可以先登账后付货也可以先付货后登账。

4）交接清点。

二、出库作业

1. 核对的出库凭证的内容

仓库接到出库凭证（仓单）后（具体见表 2—1），必须对出库凭证进行审核。审核的内容包括以下三点：

表 2—1　　出库单

提货人名称：		储存凭证号码：		出货仓库：		出库日期：	
品名	规格	单位	计划数	实发数	单价	包装押金	小计金额
总计金额（人民币大写）							
主管审批：		审核：		仓管员：		提货人：	

（1）审核提货单的合法性和真实性。

（2）核对物品的品名、型号、规格、单价、数量。

（3）核对收货单位、到货站、开户行和账号是否齐全和准确。如属收货人自提出库，则要核查提货单有无财务部门准许发货的签章。提货单必须是符合财务制度要求的具有法律效力的凭证。

2. 出库凭证出错的处理方法

（1）凡出库凭证超过提货期限，用户前来提货，必须先办理手续，按规定缴足逾期仓储保管费。然后方可发货。

（2）凡发现出库凭证有疑点，或者情况不清楚，应及时与出具出库单的单位或部门联系，妥善处理；发现出库凭证有假冒、复制、涂改等情况时，应及时与仓库保卫部门联系，严肃处理，触犯法律的应依法移交公安机关处理。

（3）物品进库未验收，或者期货未进库的出库凭证，一般暂缓发货，并通知货主，待货到并验收后再发货，提货期顺延，保管员不得代发代验。

（4）如客户因各种原因将出库凭证遗失，客户应及时与仓库管理人员和财务人员联系挂失；如果挂失时货已被提走，仓管员不承担责任，但有义务协助货主找回物品；如果物品没有被提走，经仓库管理人员和财务人员查实后，做好挂失登记，将原凭证作废，缓期发货。出库凭证审核无误后，要按出库凭证所列项目要求和数量进行出库准备，包括拣选、补货、配货、加工、包装及出库物品应附有的质量证明书或抄件、磅码单、装箱单等附件。机电设备、仪器仪表等产品的说明书及合格证应随货同行。进口商品还要附海关证明、商品检验报告等。

3. 出库货物包装的基本要求

出库货物包装是为了使物品在运输途中不受损坏，对物品包装一般需符合以下要求：

（1）根据物品的外形特点，选择适宜的包装材料，包装尺寸要便于物品的装卸和搬运。

（2）要符合物品运输的要求

1）包装应牢固，怕潮的物品应垫一层防潮纸，如图 2—15 所示。易碎的物品应垫软质衬垫物。

图 2—15 防潮纸

2）包装的外部要有明显标志，如识别标志、运输标志等，标明对装卸搬运的要求及操作标志。危险品必须严格按规定进行包装，并在包装外部标明危险品有关标志，如图 2—16 所示。

3）不同运输等级费率的物品应尽量不包装在一起（实行混装货物费率的除外），以免

图 2—16　部分包装标识

影响运输效益，增加运输成本。

（3）严禁性质抵触、互相影响的物品混合包装。

（4）包装的容器应与被包装物品体积相适应。

（5）要节约使用包装材料，注意节约代用、修旧利废。

4. 出库作业中可能遇到的差错的种类

（1）商品品种混淆。商品出库后，客户反映品种规格混串、数量不符等问题，如确属保管员发货差错，应予纠正、致歉；如不属保管员差错，应耐心向客户解释清楚，请客户另行查找。

（2）商品型号、规格开错。凡属客户原因，商品型号、规格开错，制票员同意退货，保管员应按入库验收程序重新验收入库。如果包装、产品损坏，保管员不予退货，待修好后按入库质量要求重新入库。

（3）商品内在质量问题。凡属商品内在质量问题，客户要求退货或换货，应由国家指定的质检部门出具检查证明和实验记录，经商品主管部门同意，可以退货或换货。

（4）易碎商品调换。凡属易碎商品，发货后客户要求调换，应以礼相待、婉言谢绝。如果要求帮助解决易碎配件，应协助解决。

（5）保管员发现账物不符。商品出库后，保管员发现账物不符时，要派专人及时查找追回，以减少损失，不可久拖不决。

（6）退货业务。由于退货具有多变性、分散性和缓慢性等特点，使得退货作业变得异常复杂，难以处理，稍有不慎，将极大地影响客户服务水平。因此在退货作业中，需要注意以下一些事项：

1）明确商品退货的原因。一般情况下，造成退货的原因主要为以下十个方面：

①协议退货。与仓库订有特别协议的季节性商品、试销商品、代销商品等，协议期满后，剩余商品仓库给予退回。

②商品有质量问题的退货。对于不符合质量要求的商品，接收单位提出退货，仓库也将给予退换。

③搬运途中损坏退货。商品在搬运过程中造成产品包装破损或污染，仓库将给予退回。

④商品过期退回。食品及有保质期的商品在送达接收单位时或销售过程中超过商品的有效保质期，仓库予以退回。

⑤商品送错退回。送达客户的商品不是订单所要求的商品，如商品条码、品项、规格、质（重）量、数量等与订单不符，都必须退回。

⑥商品存在内在缺陷而必须进行全面召回。国家强制性标准不达标的产品，或对人身生命和财产存在伤害隐患的产品必须按照国家有关规定实施产品召回。

⑦商品需要维修、重新调试或升级换代而引起的货物回流。有些送达客户的产品由于上述原因，仓库也必须予以退回。

⑧国际贸易中因为进口国实行贸易禁令而引起的货物回流。

⑨电子商务环境下由于实际货物与其形象介绍有出入而造成的客户退货。

⑩产品以旧换新。

2）负责部门撰写商品退货的货品说明，明确所需退货的货物标准。在明确商品退货的原因之后，需要填写相关退货说明，并着手制定相关退货商品的后续处理执行标准。

3）明确退货的流程，以及各负责部门的责任范围。

4）分析造成商品退货的原因，对造成问题的环节进行改进。

5）做好被退货产品的回收再利用工作。

三、出库检查

出库检查最原始的做法是以纯人工进行，即将货品一个个点数并逐一核对发货单，进而查验配货的品质及状态情况。以状态及品质检验而言，纯人工方式逐项或抽样检查的确有其必要性，但对于货品号码及数量核对来说，效率太低且易存在错误。即使是采取多次的检查作业，耗费了许多时间，错误却依然存在。因此，目前在数量及号码检查的方式上有许多突破改进，常用的方法有商品条形码检查法、声音输入检查法和质量计算检查法。

1. 声音输入检查法

声音输入检查法是一项较新的技术，是由作业员发声读出货品的名称（或代号）及数量，之后计算机接收语音并自动判识，转换成信息再与发货单进行比对，从而判断是否有误。此方式的优点在于作业员只需用嘴巴读取资料，手脚仍可做其他的工作，自由度较高。但需注意的是，此方法声音的发音要准，且每次发音字数有限，否则计算机辨识困难，可能产生错误。

2. 质量计算检查法

质量计算检查法是先利用计算机自动加总发货单上的货品质量，而后将拣出货品以计重器称出总重，再将两者互相比对的检查方式。

第 5 节　库存作业管理

➢了解库存管理的基础知识

➢掌握库存的管理和控制方法

一、库存管理基础知识

1. 库存管理概述

（1）库存的分类标准

1）按库存物品存在状态。按库存物品存在状态分类，库存可分为原材料库存、在制品库存、维修库存和产成品库存。

2）按照库存的作用。按照库存的作用分类，可以将库存分为周转库存、安全库存、调节库存和在途库存四类。

3）其他分类。除以上标准外，库存还可以按照相关性、按周期、按确定性等来进行分类。

（2）库存管理的目的。库存管理的目的就是防止超储和缺货，在企业现有资源的约束下，以最合理的成本为用户提供所期望水平的服务，即在达到客户期望的服务水平前提下，尽量将库存成本减少到可以接受的水平。

（3）库存管理的重要性

1）库存管理对于企业以及整个供应链上的企业联盟大幅度降低成本具有极为重要的意义。

2）它在将合适的产品、合适的质量、合适的地点、合适的时间、合适的形式、合适的价格及合适的信息提供给客户的过程中起到重要的作用。尤其是合适的地点、合适的时间、合适的价格及合适的信息。

3）在经济全球化的大趋势下，越来越多的企业开始面向全球经营，进行全球生产运作，这种全球运作离不开库存管理的支持。

总而言之，良好的库存管理可以为企业大幅度降低成本，以更低的总成本为客户提供更多的时间或服务价值，从而为企业增强竞争优势做出相当的贡献。

（4）库存管理与仓储管理的区别及联系。所谓库存管理，就是对库存物资的管理。库存管理与仓储管理既有区别又有联系。仓储管理主要是指对于仓库和仓储作业的管理；库存管理主要是对库存物资的管理。但是二者又是紧密联系的。仓储作业管理中的具体内容都落实到库存物资头上，都是结合库存物资而进行的。所以有人也把库存管理包含在仓储管理之中，作为仓储管理的一个内容。

仓储管理主要针对仓库或库房的布置，物料运输和搬运以及存储自动化等的管理；库存管理的对象是库存项目，即企业中的所有物料，包括原材料、零部件、在制品、半成品及产品，以及辅助物料。库存管理的主要功能是在供、需之间建立缓冲区，达到缓和用户需求与企业生产能力之间，最终装配需求与零配件之间，零件加工工序之间、生产厂家需求与原材料供应商之间的矛盾。

2. 库存绩效评价指标

(1) 库存绩效评价指标的类型。库存绩效可以通过准时交货率、完成时间、交货差错率、库存物资损毁率等指标来进行评价。

考核库存管理的主要指标是库存周转率。库存周转率是指一定时期库存周转的速度。库存周转率是衡量库存管理水平的重要指标。在一定意义上，企业的效益由库存周转率所左右。这是因为企业的生产过程实际上是由资金变为商品，经过销售又由商品变为资金，并从中获得利益的过程。

(2) 库存财务指标的内容

1) 库存现金限额完成率。是报告期库存现金平均余额与报告期库存现金限额的比率。计算公式为：

库存现金限额完成率＝报告期库存现金平均金额/报告期库存现金平均限额×100％

这一指标可用来检查库存现金限额的执行情况，以提高库存现金的有效使用。这一指标一般低于100％，其低于100％的部分，即是库存现金的节约率。库存现金节约额，就是库存现金限额完成率指标的分子、分母的差额（如为正数，则是库存现金的浪费额）。

2) 库存现金周转次数。是指库存现金在一定时期内的周转次数，即报告期库存现金收方累计发生额与报告期库存现金平均余额之比，计算公式为：

库存现金周转次数＝报告期库存现金收方累计发生额/报告期库存现金平均余额

式中，库存现金平均余额一般以旬平均余额计算。库存现金周转次数越多，表明库存现金周转速度快，库存现金得到有效使用。反之，则表明库存现金周转速度慢，库存现金使用不充分。

3. 库存周转率

(1) 库存周转率的概念。库存周转率是一种衡量材料在工厂里或是整条价值流中，流动快慢的标准。最常见的计算库存周转的方法，就是把年度销售产品的成本（不计销售的开支以及管理成本）作为分子，除以年度平均库存价值。即：

库存周转率＝年度销售产品成本/当年平均库存价值

库存周转率对于企业的库存管理来说具有非常重要的意义。

例如制造商，它的利益是由资金→原材料→产品→销售→资金的循环活动中产生的，如果这种循环很快也就是周转快时，在等额资金下的利润率也就高。因此，周转的速度代表了企业利益的测定值，被称为库存周转率。

对于库存周转率，没有绝对的评价标准，通常是同行业相互比较，或与企业内部的其他期间相比较分析。库存绩效评价与分析，库存周转率是着重评价的内容。

（2）库存周转率的计算。实际评价中可用如下公式进行计算：

1）以数量计算

库存周转率＝（使用数量/库存数量）×100％

使用数量并不等于出库数量，因为出库数量包括一部分备用数量。除此之外也有以金额计算库存周转率的。同样道理使用金额并不等于出库金额

2）以金额计算

库存周转率＝（使用金额/库存金额）×100％

使用金额和库存金额均为一定时期金额。因此规定某个期限来研究金额时，需用下列算式：

库存周转率＝（该期间的出库总金额/该期间的平均库存金额）×100％

＝该期间出库总金额×2/（期初库存金额＋期末库存金额）×100％

以月平均库存周转率为例，库存周转率计算公式如下：

原材料库存周转率＝月内出库的原材料总成本/原材料平均库存

在制库存周转率＝月内入库的成品物料成本/平均在制库存

成品库存周转率＝月销售物料成本/成品在库平均库存

二、库存品种的数量和成本管理

1. 库存品种的数量管理

（1）库存品种数量管理的基本内容。库存品种数量管理的基本内容，就是要建立起库存物资类别品种的体系结构，弄清楚仓库中究竟存放了一些什么品种，它分成了哪些大类、哪些小类，各个大类、各个小类的规格、性能、价值、特点、存放特性、保管要求是什么，都存放在仓库的哪些区、哪些点上，存放数量是多少等。因此品种数量管理，实际上包括了品种管理、大类管理、小类管理、物资编码、ABC分类等。

（2）物资编码的定义及方法。所谓物资编码，就是在对库存物资的品种、类别、规格、性能等进行调查统计整理的基础上，形成物资类别品种体系，并进行系统化的统一编码标识的工作。物资编码大致有以下七种方法：

1）按数字顺序编码法。数字顺序编号法由1开始一直往下编，常用于账号或发票编号，属于延展式的方法。必须有编号索引，否则无法直接了解编号意义。

2）数字分段法。数字分段法是前一方法的小小改变，即把数字分段，每一段代表一类货物的共同特性。此方法要编交叉索引，但比前一方法易查询。

3）分组编码法。分组编号法把货物的特性分成四个数字组，详见表2—2。

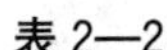

表 2—2　　分组编号法示意

	类型	形状	材质/成分	大小
编号	××	××	××	××

至于每一个数字的位数要视实际需要而定，详见表 2—3。

表 2—3　　分组编号法示例

	货物的类型	形状	材质/成分	大小	意义
编号	06				饮料
		4			易拉罐
			061		乌龙茶
				092	350c. c.

4）按照实际意义的编号法（见表 2—4）。用实际意义编号时，可使用部分或全部编号代表货物的质（重）量、尺寸、距离、产能或其他特性。这种编号最大的好处是，通过编号就可以了解货物的内容。

表 2—4　　按实际意义的编号法示例

编号	意义
TT670 15 B1	TT 代表管状（Tube Type）
	670 15 代表 670 毫米×15 毫米，是尺寸大小
	B 表示产品是黑色（Black）
	1 代表第一条生产线

5）后位数编码法。用编号最后的数字，对同类货物作进一步的细分，可采用杜威式十进位编号法，后位数编号法示例见表 2—5。

表 2—5　　后位数编号法示例

编号	货物
520	饮料
530	食品
531	休闲食品
531. 1	箱装休闲食品
531. 11	洋芋片
531. 12	鱿鱼丝

6）暗示编号法。用数字与文字的组合来编号，编号本身暗示货物的内容，这种方法的优点是容易记忆，详见表 2—6。

表 2—6　　暗示编号法示例

编号：BY010 RB01

材料名称	大小	颜色与类型	制造商
BY	010	RB	01

其中：BY 表示脚踏车（Bicycle）；010 表示 10；R 表示红色（Red）；B 表示小孩型（Boy's）；01 表示制造商名称。

7）混合编号法。混合编号法是联合使用英文字母与阿拉伯数字来做货物编号，多以英文字母代表货物的类别和名称，其后再用十进位或其他方式编写阿拉伯数字号码。总结货物的编号大致有下列两种形式：

①延展式。即对货物分级的级数不加限制，视实际需要可以任意延长，但排列上难求整齐，是美中不足的地方。

②非延展式。对货物分类级数及所用数字均有一定的限制，不能任意伸展，虽能维持整齐划一形式，但缺乏弹性，难以适应实际增减需要。

为识别货物而使用的编号标识可置于容器、产品或储位上，且用明显的颜色、字体、大小，让作业人员很容易地获得货物相关信息。

（3）ABC 分析法。一般来说，企业的库存物资种类繁多，价格不等，数量不均。有的物资品种不多，但价值很大，而有的物资品种很多但价值不高。由于企业的资源有限，为了使有限的时间、资金、人力、物力等企业资源能得到更有效的利用，应对库存物资进行分类，将管理的重点放在重要的库存物资上，进行分类管理，即依据库存物资重要程度的不同，分别进行不同的管理，这就是 ABC 分类管理的基本思想。

ABC 分类方法是将所有的库存货物根据其在一定时限内的价值重要性和保管的特殊性的不同，按大小顺序排列，根据各个品种的累计金额和累计数量统计，并计算出相对于总金额和总数量的比率，按序在图中标出对应的点，连成曲线图，累计货物种类百分比为 5%～15%，而其价值占总价值的 70%左右的确定为 A 类货物；货物种类累计百分比为 20%～30%，而价值占总价值的 20%左右的物品为 B 类；其余为 C 类。确定完分类后，针对不同的货物采用不同的管理措施。简而言之，ABC 管理法就是将库存货物根据消耗的品种和金额按一定的标准进行分类，对不同类别的货物采用不同的管理方法。ABC 分类法的一般步骤如下：

1）收集数据。根据分析要求、分析内容，收集分析对象的有关数据。例如，要对库存商品占用资金的情况进行分析，则可以收集各类库存商品的进库单位、数量、在库平均时间等，以便了解哪几类商品占用的资金较多，以便分类重点管理。

2）处理数据。将收集来的数据资料进行汇总、整理，计算出所需的数据。一般以平均库存乘上单价，求出各类商品的平均资金占用额。

3）绘制 ABC 分类管理表。ABC 分类管理表由 9 栏构成，详见表 2—7。

表 2—7 ABC 分类表

物品名称	品目数累计	品目累计百分数（%）	物品单价	平均库存	物品平均资金占用额	平均资金占用额累计	平均资金占用累计百分数（%）	分类结果
①	②	③	④	⑤	⑥=④×⑤	⑦	⑧	⑨
:	:	:						

制表的步骤如下：

①将以上第二个步骤计算出的平均资金占用额的数据，从大到小进行排队。

②将平均资金占用额按高到低的顺序填入表中的第 6 栏。

③以第 6 栏为准，依次在第 1 栏填入相对应的商品名称，在第 4 栏填入商品的单价，第 5 栏填入平均库存，第 2 栏填入 1、2、3、4、5……编号，为品目累计数。

④计算品目累计百分数，并填入第 3 栏。

⑤计算平均资金占用额累计，填入第 7 栏。

⑥计算平均资金占用额累计百分数，填入第 8 栏。

4）分类。根据 ABC 分类表中第 3 栏中品目累计百分数（%）和第 8 栏平均资金占用额累计百分数（%），进行 A、B、C 三类商品的分类。

5）绘制 ABC 分类管理图。绘制 ABC 分类管理图，如图 2—17 所示以品目累计百分数为横坐标，以平均资金占用额累计百分数为纵坐标，按 ABC 分类表第 3 栏和第 8 栏提供的数据，在直角坐标图上取对应点，联结各点的曲线，即为 ABC 分类曲线。按 ABC 分类表上确定的 ABC 三个类别，在图上标明。

（4）ABC 分析法的优点。ABC 分析法是储存管理中常用的分析方法，也是经济工作中的一种基本工作和认识方法。ABC 分析的应用，在储存管理中比较容易地取得以下成效：压缩了总库存量，解放了被占压的资金，使库存结构合理化，节约了管理力量。

2. 库存成本管理

（1）库存成本的构成。库存成本指仓储在仓库里的货物所需成本，它还包括订货费、购买费、保管费。库存是供应链环节的重要组成部分，指一个组织所储备的所有物品和资源，库存成本就是那些物品和资源所需成本。

库存成本的构成一般可分为以下三个主要部分：

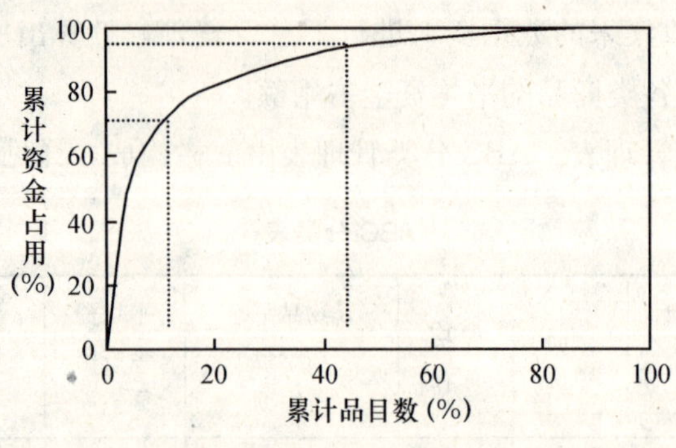

图 2—17 ABC 管理图

1）库存持有成本。库存持有成本即为保有和管理库存而需承担的费用开支。具体可分为运行成本、机会成本和风险成本三个方面。

运行成本主要包括了仓储成本，自营型的仓库体现为建造仓库的固定投资的摊销费用；外包型的仓库则体现为仓库的租金。库存越高，仓储面积越大，仓储成本也越高。此外，运行成本还包括仓库中的设备投资成本和日常运作费用（水、电、人工等）。

机会成本主要是库存所占用的资金所能带来的机会成本。库存作为企业的资产是通过占用企业的流动资金而获得的，而任何企业都有其一定的资金投资回报率，即库存占用的资金如果不用于库存而去经营其他投资所能获得的平均收益，这一比例因行业的不同和企业的不同而有所不同，一般为10％～16％。企业因为要持有一定的库存而丧失了流动资金所能带来的投资收益，即为库存的机会成本。有时企业通过借款来获得库存，这时的机会成本还应包括借款的利息支出。

风险成本顾名思义则是从风险的角度出发来考虑的。首先是保险费用。为了减少库存的损失，大多数的企业会为其库存的安全保险，其费用就是库存成本。同时企业可能会因为库存的不合理存放而造成损耗或报废，例如食品过期、存放过程中破损、产品滞销、失窃等，这些损失同样是库存的风险成本。

2）库存获得成本。库存的获得成本是指企业为了得到库存而需承担的费用。抛开库存的本身价值，如果库存是企业直接通过购买而获得，则获得成本体现为订货成本，包括与供应商之间的通信联系费用、货物的运输费用等。订购或运输次数越多，订货成本就越高；如果库存是企业自己生产的，则获得成本体现为生产准备成本，即企业为生产一批货物而进行的生产线改线的费用。

3）库存缺货成本。库存缺货成本就是由于库存供应中断而造成的损失。包括原材料供应中断造成的停工损失、产成品库存缺货造成的延迟发货损失和销售机会丧失带来的损失、企业采用紧急采购来解决库存的中断而承担的紧急额外采购成本等。

（2）订货成本

1）订货成本的概念。订货成本是指从发出订单到收到货物整个过程中所付出的成本。如订单处理成本（包括办公成本和文书成本）、运输费、保险费以及装卸费等。订货成本有一部分与订货次数无关，称为订货的固定成本，用 F1 表示。另一部分与订货次数有关，称为订货的变动成本，每次订货的变动成本用 K 表示。订货次数等于存货年需求量 D 与每次进货量 Q 之商。其公式为：

$$订货成本=F1+D/Q\times K$$

2）订货成本的发生情况。一种是由于发出采购订单去向外部供应商购买物料而发生的成本。如采购物料时，必须书写物料申请单与采购订单，必须处理发票、付款给供应商，收进的货物必须检查并送交仓库或加工地等发生的费用；另一种是由于向内部工厂发出订单而发生的成本。如向工厂订制一批物料时，所发生的文书工作的成本、机器调整费、新调整后首次生产带来的开工废品以及其他取决于订货或生产的批数的一次性费用。所有这些费用都是订货成本。

（3）购买成本

1）购买成本的定义。购买成本是购买物品时所花费的费用，即购买物品所支出的货款，等于物品的单价与需求量的乘积。如果物品的购买费用不受批量大小的影响时，在库存管理决策中可以不考虑这项费用。但当采购量影响物品价格时，如供应商对购货量大的物品给予优惠价格时，则必须考虑此项费用。

2）购买成本的特点。购买成本的特点是当订货的数量、订货的地点确定以后，总的购买成本就是确定不变的，不会随着进货批量的变化而变化。也就是说，购买成本与订货数量有关系，而批量大小都不会影响其总的购买成本。

（4）准时制采购

1）准时制采购的定义。准时制采购也称为 JIT 采购法，是一种基于供应链管理思想的先进的采购管理模式。是准时制管理方式在采购中的应用和反映。按照 JIT 管理原理，一个企业中的所有活动只有当需要进行的时候才进行，即只有在需要的时候，按照所需要的数量、质量提供所需要的产品和服务。因此，企业按照 JIT 采购就是只在需要的时候(既不提前，也不延迟)，按需要的数量，将企业生产所需要的合格的原材料和外购件采购回来。

2）准时制采购的特点

①生产制造厂家与供应商之间建立了战略伙伴关系，签订合同的手续大大简化，不再需要双方的询价、报价的反复协商，采购成本也会大大降低。

②采购的物资直接进入生产部门，减少了采购部门的工作压力及不增加价值的活动过程，实现供应链的精细化作业。

③在同步供应链计划的协调下，生产计划、采购计划、供应计划能够同时进行，缩短了用户的响应时间，实现了供应链同步化运作。采购与供应的重点在于协调各种计划的执行。

④信息传递发生了变化。在传统采购方式中，供应商对生产过程的信息不了解也无须关心生产活动。但在准时采购方式中，供应商能通过信息共享了解生产部门的生产活动，从而提高了供应商的应变能力，减少了信息失真。同时在订货过程中不断进行信息反馈，修正订货计划，使订货与需求保持同步。

⑤订单驱动的采购方式简化了采购工作流程，采购部门的作用主要是沟通供应与生产部门之间的联系，协调供应与生产的关系，为实现精细采购提供基础保障。

三、库存控制管理

库存控制是企业物流管理的重要内容，也是现代物流管理成败的关键。通常来讲，库存控制应解决这样几个问题：什么时候订货，订多少货，即控制物品在库的数量。根据不同的思路，理论研究者建立了一些数学模型来解决这些问题。这些模型是实际现象的抽象模拟，因而总是存在这样那样的缺陷。实践中，人们往往根据企业的不同情况选择适合自身特点的库存管理模型，并结合实践经验进行修正，以期达到优化客户服务，降低总成本的物流管理目标。

1. 库存控制的影响因素

（1）需求特性因素

1）确定性需求的生产系统的库存控制工作较为容易，管理者只要保证进货的速度与需求消耗速度保持同步，便能够维持合理的库存水平；而非确定性需求的生产系统的库存控制工作较为复杂，由于需求情况无法准确地预先估计，因此，管理者在考虑正常的需求的同时，还要考虑保持一定的经常性库存储备。

2）管理者在进行库存控制时，可以根据需求的变化规律准备库存物资。需求旺季增大库存，淡季则降低库存量，使得系统的整体库存水准处于合理水平。如果生产系统对物资的需求是随机的，根本无法较为准确地预测，则需要在设定经常性库存的基础上，进一步建立额外的保险库存，以应付突然出现的需求变化。

在进行企业的生产计划时，主要考虑需求的相关性，通常利用物料需求计划（MRP）来解决。

需求是否具有可替代性，也是库存控制决策必须考虑的因素之一。具有替代物资的物资，库存可以较少；反之库存应该多设一些。

（2）订货提前期。订货提前期是影响库存控制决策的另一重要因素。订货提前期是指从发出生产或订货指令到订购物资进入仓库所需要的时间间隔。订货提前期可以是确定的，也可以是随机的。

（3）自制与外购。许多情况下，企业在选择物资来源时既可以考虑外购，同时也可以考虑自制。一般地讲，从专业的生产厂家购买物资，由于专业厂家的生产规模较大，生产成本较低，订货的次数和数量也比较灵活，通常能够获得较好的经济性效果；而自制则可以由本企业控制生产过程，按期交货的把握较大，同时能够发挥企业闲置的生产能力，为企业减少直接的支出。因此，选择自制与外购途径进货，也是企业进行库存控制的调节手段之一。

（4）服务水平。服务水平是指满足用户需求的百分比。如果整个生产系统能够满足全部用户的订货需求，则其服务水平为100％；如果能满足95％的需求，则其订货服务水平为95％，也可以称此时的生产系统的缺货概率为5％。

生产系统常采用增大库存储备的方法提高系统的服务水平。库存增加后，用户的需求变化时，企业生产一时无法满足用户需求，则可以通过动用企业库存使用户需求得到满足。库存量的增加，意味着企业要占用更多的资金，产生更大的成本，对企业而言，盲目地提高服务水平并不一定会给企业带来期望的经济效益，因此将服务水平定位到一个合理的水平，也是企业进行库存控制决策时必须考虑的重要因素。

2. 定量订货法

（1）定量订货法的概念。定量订货法是指当库存量下降到预定的最低库存量（订货点）时，按规定进行订货补充的一种库存控制方法，如图2—18所示。

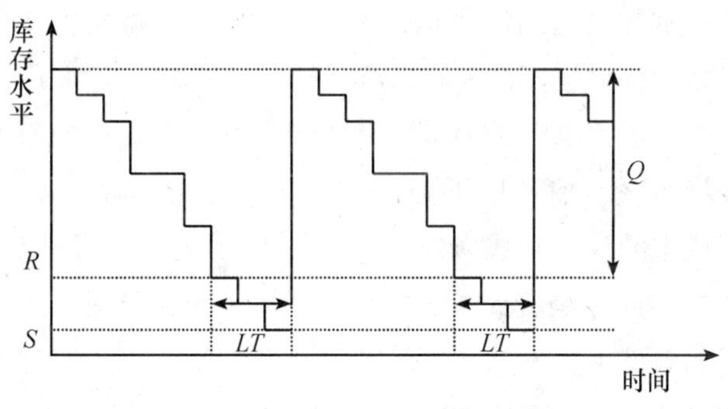

图2—18　定量订货法

当库存量下降到订货点R时，即按预先确定的订购量Q发出订货单，经过交纳周期（订货至到货间隔时间）LT，库存量继续下降，到达安全库存量S时，收到订货Q，库存水平上升。

该方法主要靠控制订货点 R 和订货批量 Q 两个参数来控制订货，达到既最好地满足库存需求，又能使总费用最低的目的。在需要为固定、均匀和订货交纳周期不变的条件下，订货点 R 由下式确定：

$$R=LT\times D/365+S$$

式中，D 是每年的需要量。

订货量的确定依据条件不同，可以有多种确定的方法。

（2）定量订货法的适用范围。定量订购库存控制法适用于品种数量少，平均占用资金大的、需重点管理的 A 类商品。

（3）定量订货法的优缺点

1）定量订货法的优点

①能够经常地掌握库存储备动态，及时地提出订购，不易出现缺货。

②保险储备量较少。

③每次订购量固定，因而能采用经济订购批量模型，便于包装运输和保管作业。

2）定量订货法的缺点。定量订货法的缺点是必须不断核查仓库的库存量；订购时间不稳定，不利于编制严密的采购计划，难以享受到合并订购的好处。

（4）定量订货法的计算

1）基本经济订货批量（Economic Order Quantity，EOQ）。基本经济订货批量是简单、理想状态的一种。通常订货点的确定主要取决于需要量和订货交纳周期这两个因素。在需要是固定均匀、订货交纳周期不变的情况下，不需要设安全库存，这时订货点：

$$R=LT\times D/365$$

但在实际工作中，常常会遇到各种波动的情况，如需要量发生变化，交纳周期因某种原因而延长等，这时必须要设置安全库存 S，订货点则应用下式确定：

$$R=LT\times D/365+S$$

订货批量依据经济批量（EOQ）的方法来确定，即总库存成本最小时的每次订货数量。通常，年总库存成本的计算公式为：

年总库存成本＝年购置成本＋年订货成本＋年保管成本＋缺货成本

假设不允许缺货的条件下：

年总库存成本＝年购置成本＋年订货成本＋年保管成本　即：

$$TC=DP+DC/Q+QH/2$$

式中　TC——年总库存成本；

D——年需求总量；

P——单位商品的购置成本；

C——每次订货成本，元/次；

H——单位商品年保管成本，元/年（$H=PF$，F 为年仓储保管费用率）；

Q——批量或订货量。

经济订货批量就是使库存总成本达到最低的订货数量，它是通过平衡订货成本和保管成本两方面得到。其计算公式为：

$$\text{经济订货批量 } EOQ=\sqrt{\frac{2CD}{H}}=\sqrt{\frac{2CD}{PF}}$$

此时的最低年总库存成本 $TC=DP+H$（EOQ）。

$$\text{年订货次数 } N=D/EOQ=\sqrt{\frac{DH}{2C}}$$

平均订货间隔周期 $T=365/N=365EOQ/D$。

2）批量折扣购货的订货批量。供应商为了吸引客户一次购买更多的商品，往往会采用批量折扣购货的方法，即对于一次购买数量达到或超过某一数量标准时给予价格上的优惠。这个事先规定的数量标准，称为折扣点。在批量折扣的条件下，由于折扣之前购买的价格与折扣之后购买的价格不同，因此，需要对原经济批量模型作必要的修正。

在多重折扣点的情况下，先依据确定条件下的经济批量模型，计算最佳订货批量（Q^*），而后分析并找出多重折扣点条件下的经济批量。

其计算步骤如下：

①用确定型经济批量的方法，计算出最后折扣区间（第 n 个折扣点）的经济批量 $Q_n{}^*$ 与第 n 个折扣点的 Q_n 比较，如果 $Q_n{}^*\geqslant Q_n$，则取最佳订购量 $Q_n{}^*$；如果 $Q_n{}^*<Q_n$，就转入下一步骤。

②计算第 t 个折扣区间的经济批量 $Q_t{}^*$。

若 $Q_t\leqslant Q_t{}^*<Q_{t+1}$ 时，则计算经济批量 $Q_t{}^*$ 和折扣点 Q_{t+1} 对应的总库存成本 $TC_t{}^*$ 和 TC_{t+1}，并比较它们的大小，若 $TC_t{}^*\geqslant TC_{t+1}$，则令 $Q_t{}^*=Q_{t+1}$，否则就令 $Q_t{}^*=Q_t$。如果 $Q_t{}^*<Q_t$，则令 $t=t+1$ 再重复步骤②，直到 $t=0$，其中：$Q_0=0$。

3）分批连续进货的进货批量。在连续补充库存的过程中，有时不可能在瞬间就完成大量进货，而是分批、连续进货，甚至是边补充库存边供货，直到库存量最高。这时不再继续进货，而只是向需求者供货，直到库存量降至订货点，又开始新一轮的库存周期循环。分批连续进货的经济批量，仍然是使存货总成本最低的经济订购批量。如图 2—19 所示。

设一次订购量为 Q，商品分批进货率为 h（kg/天），库存商品耗用率为 m（kg/天），

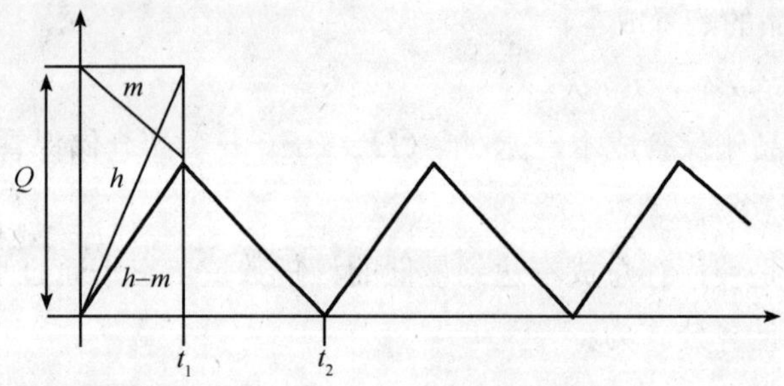

图 2—19　分批连续订货

并且 $h>m$。一次连续补充库存直至最高库存量需要的时间为 t_1；该次停止进货并不断耗用直至最低库存量的时间为 t_2。

由此可以计算出以下指标：$t_1=Q/h$；在 t_1 时间内的最高库存量为：$(h-m)\ t_1$。

在一个库存周期 (t_1+t_2) 内的平均库存量为：$(h-m)\ t_1/2$。

仓库的平均保管费用为：$[(h-m)/2]\cdot[Q/H]\cdot(PF)$。

经济批量 $Q^*=\sqrt{\dfrac{2CD}{PF\ (1-\dfrac{m}{h})}}$

在按经济批量 Q^* 进行订货的情况下，每年最小总库存成本 TC^* 为：

$$TC^*=DP+\sqrt{2CDPF\ (1-\frac{m}{h})}$$

每年订购次数 $N=\dfrac{D}{Q^*}$

订货间隔周期 $T=\dfrac{365}{N}=\dfrac{365Q^*}{D}$

3. 定期订货法

（1）定期订货法的概念。定期订货是按预先确定的订货时间间隔按期进行订货，以补充库存的一种库存控制方法。其决策思路是：每隔一个固定的时间周期检查库存项目的储备量。根据盘点结果与预定的目标库存水平的差额确定每次订购批量。这种库存控制系统的储备量变化情况如图 2—20 所示。这里假设需求为随机变化，因此，每次盘点时的储备量都是不相等的，为达到目标库存水平 Q_0 而需要补充的数量也随着变化。这样，这类系统的决策变量应是：检查时间周期 T、目标库存水平 Q_0。

（2）定期订货法的使用范围。定期订货法适用于品种数量大，平均占用资金少的，只需要一般管理的 B 类、C 类商品。

（3）订货周期的计算。订货周期一般根据经验确定，主要考虑制订生产计划的周期时

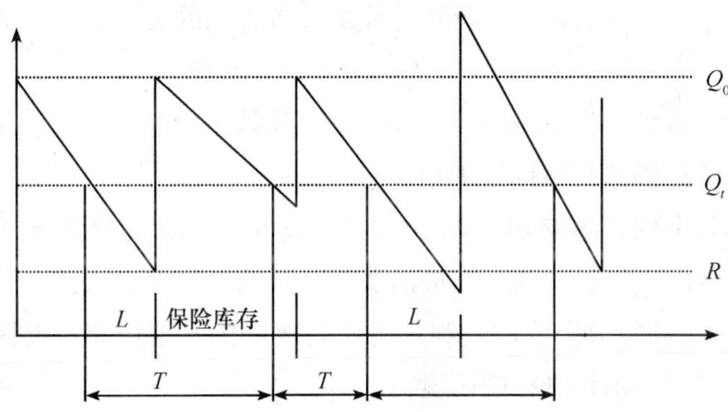

图 2—20　周期性检查方式示意图（L 为订货时间）

间，常取月或季度作为库存检查周期，但也可以借用经济订货批量的计算公式确定使库存成本最有利的订货周期。

$$订货周期=1/订货次数=Q/D$$

4. 安全库存

（1）安全库存的定义。安全库存是指为了防止由于不确定因素（如突发性大量出货或供应商延期交货）影响订货需求而准备的缓冲库存。所有的业务都面临着不确定性，这种不确定性来源各异。从需求或消费者一方来说，不确定性涉及消费者购买多少和什么时候进行购买。处理不确定性的一个习惯做法是预测需求，但预测需求的大小是非常困难的。从供应来说，不确定性是获取零售商或厂商的需要，以及完成订单所要的时间。就交付的可靠性来说，不确定性可能来源于运输，还有其他原因也能产生不确定性。不确定性带来的结果通常是一样的：企业要备有安全存货来进行缓冲处理。

（2）安全库存的计算

用最古老的公式：

安全库存=（预计最大消耗量－平均消耗量）×采购提前期

如果用统计学的观点可以变更为：

安全库存=日平均消耗量×一定服务水平下的前置期标准差

安全库存量的大小，主要由顾客服务水平（或订货满足）来决定。所谓客户服务水平，就是指对客户需求情况的满足程度，公式表示如下：

客户服务水平（订货满足率）=1－年缺货次数/年订货次数

客户服务水平（或订货满足率）越高，说明缺货发生的情况越少，从而缺货成本就较小，但因增加了安全库存量，导致库存的持有成本上升；而客户服务水平较低，说明缺货发生的情况较多，缺货成本较高，安全库存量水平较低，库存持有成本较小。因而必须综合考虑顾客服务水平、缺货成本和库存持有成本三者之间的关系，最后确定一个合理的安全库存量。

（3）价格折扣的概念。为了鼓励顾客及早付清货款、大量购买、淡季购买，酌情降低其基本价格，这种价格调整叫做价格折扣。

价格折扣是销售中的最直接但低水平的营销战术。它是厂商通过降低产品的正常售价，直接提供消费者经济利益，从而促进消费者购买的一种促销方式。这种促销方式往往是把“双刃剑”，运用得好为企业创造利益和知名度，提升销售力；把握不好，往往也容易把产品陷入折价过后，销售难行的困境。

第 3 章

配送作业管理

第 1 节　进货作业管理

学习目标

➢熟悉订单处理作业的相关知识

➢掌握存货的查询与分配方法

➢掌握进货作业计划

➢掌握进货活动组织的相关知识

一、订单处理作业

1. 订单内容

订单在民法中称作要约。订单买卖关系形成要约协议，双方应当承担缔约责任。

（1）订货信息确认的内容。接单以后，首先确认货物名称、数量及日期，即检查品名、数量、送货日期等是否有遗漏、笔误或不符合公司要求的情形。尤其当送货时间有问题或出货时间已延迟时，更需与客户再次确认订单内容或更正运送时间。同样地，若采用电子订货方式接单，也须对已接受的订货资料加以检验确认。

（2）客户信用核查的内容。不论订单是由何种方式传至公司，配送系统都要核查客户的财务状况，以确定其是否有能力支付该订单的账款。通常的做法是检查客户的应收账款是否已超过其信用额度。若客户应收账款已超过其信用额度，系统自动加以警示，以便输入人员决定是继续输入其订货资料还是拒绝其订单。运销部门一旦发现客户的信用有问题，则将订单送回销售部门再调查或退回订单。

2. 订单信息流转过程

（1）已输入及已经确认的订单：承诺客户的出货资料，包括商品项目、数量、单价、交易配送条件等。

（2）已分配订单：经过库存分配的已输入及已确认订单。

（3）已拣货订单：已打印拣货单并进行拣货作业的已分配订单。

（4）已出货订单：已拣货订单，经过分类、装车、出货，即转为已出货订单。

（5）已收款订单：已结案订单。

3. 订单类型

（1）订货方式的分类

1）传统的订货方式。传统订货主要包括业务员跑单接单、邮寄订单、客户自行取货、电话口头订货、厂商巡查隔天送货、厂商铺货、传真订货等。

2）电子订货方式。电子订货是依靠计算机网络，借助计算机处理功能，代替人工书写、输入及传统的订货方式的方式。它将订货信息转为计算机网络能识别的电子信息，并通过网络传送，故被称为电子订货系统。

（2）订单类型与处理方式的关系。配送中心虽有整合传统批发商的功能以及有效率的物流信息处理功能，但在面对较多的交易对象时，仍需根据客户的不同需求采取不同做法。在接受订货业务上，表现为具有多种订单的交易形态，所以物流中心应对不同的客户采取不同的交易及处理方式。

1）一般交易订单。一般的交易订单，即接单后按正常的作业程序拣货、出货、发送、收款的订单。其处理方式是接单后，将资料输入订单处理系统，按正常的订单处理程序处理，资料处理完后进行拣货、出货、发送、收款等作业。

2）间接交易订单。间接交易订单是客户向配送中心订货，直接由供应商配送给客户的交易订单。其处理方式是接单后，将客户的出货资料传给供应商由其代配。此方式需注意的是客户的送货单是自行制作或委托供应商制作的，应对出货资料加以核对确认。

3）现销式交易订单。现销式交易订单是与客户当场交易、直接给货的交易订单。其处理方式是订单资料输入后，因货物此时已交给客户，故订单资料不再参与拣货、出货、发送等作业，只需记录交易资料即可。

4）合约式交易订单。合约式交易订单是与客户签订配送契约的交易，如签订某期间内定时配送某数量的商品。其处理方式是在约定的送货日，将配送资料输入系统处理以便出货配送；或一开始便输入合约内容的订货资料，并设定各批次送货时间，以便在约定日期系统自动产生所需的订单资料。

4. 订单处理

（1）订单处理的内容。所谓订单处理，就是由订单管理部门对客户的需求信息进行及时的处理，这是物流活动的关键之一，是从客户下订单开始到客户收到货物为止，这一过程中所有单据处理活动。与订单处理相关活动的费用属于订单处理费用。

订单处理是企业的一个核心业务流程，包括订单准备、订单传递、订单登录、按订单供货、订单处理状态跟踪等活动。订单处理是实现企业客户服务目标最重要的影响因素。改善订单处理过程，缩短订单处理周期，提高订单满足率和供货的准确率，提供订单处理全程跟踪信息，可以大大提高客户服务水平与客户满意度，同时也能够降低库存水平，在提高顾客服务水平的同时降低物流总成本。

（2）一般的订单处理过程

1）订单准备。订单准备是指搜集所需产品或服务的必要信息和正式提出购买要求的各项活动。

2）订单传递。传送订单信息是订单处理过程中的第二步，涉及从订货请求发出地点到订单录入地点的传输过程。订单传输可以通过两种基本方式来完成：人工方式和电子方式。

3）订单登录。订单录入指在订单实际履行前所进行的各项工作，主要包括：

①核对订货信息（如商品名称与编号、数量、价格等）的准确性。

②检查所需商品是否可得。

③如有必要，准备补交货订单或取消订单的文件。

④审核客户信用。

⑤必要时，转录订单信息。

⑥开具账单。

4）按订单供货。订单履行是由与实物有关的活动组成的，主要包括：

①通过提取存货、生产或采购员购进客户所订购的货物。

②对货物进行运输包装。

③安排送货。

④准备运输单证。其中有些活动可能会与订单录入同时进行，以缩短订单处理时间。

订单处理的先后次序可能会影响到所有订单的处理速度，也可能影响到较重要订单的处理速度。这里可借鉴优先权法则：先收到的先处理，使处理时间最短，预先确定顺序号，优先处理订货量较小、相对简单的订单，优先处理承诺交货日期最早的订单，优先处理距约定交货日期最近的订单。

5）订单处理状态追踪。订单处理过程的最后环节是通过不断向客户报告订单处理过程中或货物交付过程中的任何延迟，确保优质的客户服务。具体包括：

①在整个订单周转过程中跟踪订单。

②与客户交换订单处理进度、订单货物交付时间等方面的信息。

（3）订单异常变动处理。针对异常订货，主要有以下几种应对方法：

1）异常订货原因的理清。接到异常订单，首先要理清异常订货产生的原因，与采购员、营运人员就出现订货量异常的情况进行沟通，要清楚界定订货量出现异常的原因。

2）系统信息的矫正。误收货物、商品编码发生错误与变更、单据延误处理、门店报损处理不当、失窃等都会导致整个信息系统库存资料、商品周转指标的偏差。供应商要把握好自身环节，避免由于自身环节产生的数据失真。

3）物流信息与市场动态信息共享

方法一，通过正式或非正式渠道，将公司的销售信息、库存信息、物流配送的流程等情况提供给采购人员、营运人员，并创造条件，以提供报告的形式与相关人员进行品类销售、库存的回顾与研究分析；对于新的采购人员及营运人员，则提供综合的信息，以辅助他们对销售订货形成一定的敏感度。

方法二，将品牌广告信息、大型促销信息及时提供给相关人员，以便做出正确的销售预测。

方法三，通过销售人员的回访、跟踪，促进与相关人员的客情关系，将库存信息、终端的消费需求、品类及品牌结构调整等信息准确掌握在手中。这对调整好自身的能力，自如应对异常订单有很大帮助。

4）库存的台账管理。以库存的ABC分类法分类，将占利润总额的80%、占销售总量20%的单品作为A类商品；将占利润总额的5%、占总销售量的30%～40%的商品定为C类商品；其余商品为B类商品。由于A类商品的出货量相对频次多，应坚持保证A类商品的合理库存目标，保证A类商品存放于库房的黄金储位，以便装卸。

5）恶意订货的处理。遇到恶意订货后，应与相关人员进行接触，了解恶意订货背后的原因，尽量排解相关人员的厌烦报复情绪。

6）后备调货的支持。由于异常订货是突发的，往往在很短时间内给供应商带来库存、运输、装卸、人力配合的压力。应付异常订单，在库存方面可利用社会性的大库存作为备货量。

异常订货内在的动因有很多种，最难对付的还是由系统性、结构性错位造成的异常订货。供应商在某种程度上只能处理好自身的环节，推动物流流程的改善，而完全杜绝异常订货则不是能靠自身解决得了的。

（4）改善订单处理的意义。改善订单处理过程的动因主要来自两个方面：从客户角度看，客户所购买的不仅仅是产品或服务本身，更重要的是获得价值，感受到满意。而搜寻产品信息的便利性、订货提前期的稳定性与时间长短、送货的准确性、订货处理状态跟踪等因素是实现价值与客户满意的重要保证。从企业的角度来说，提高客户服务与降低库存、运输费用是一个十分重要的问题，运用先进的技术手段和对业务流程的重组与改善，在提高客户服务水平的同时降低物流总成本，获得竞争对手难以模仿的竞争优势，是企业一项至关重要的竞争战略。

（5）订单处理过程改善的关键因素

1）时间因素。订单处理过程的时间消耗，在企业看来通常理解为订货处理周期，顾客则通常将之定义为订货提前期。改善的目标是在保证时间耗用的稳定性的前提下，努力减少时间耗用。

2）供货准确性因素。要求按照客户订单的内容提供准确品种、数量、质量的产品，并运送到正确的交货地点。当需要延期供货或分批送货时，应与客户充分协调与沟通，取得顾客的同意。

3）成本因素。包括库存设置的地点和数量、运输批量和运输路线的调控等。

4）信息因素。通过完善的物流信息系统，向客户以及企业内部的生产、销售、财务及仓储运输部门提供准确、完备、快速的信息服务。

二、存货的查询与分配

存货是指企业在日常活动中持有以备出售的产成品或商品、处在生产过程中的在制品、在生产过程或提供劳务过程中耗用的材料、物料等。存货区别于固定资产等非流动资产的最基本的特征是，企业持有存货的最终的目的是为了出售，不论是可供直接销售，如企业的产成品、商品等；还是需进一步加工后才能出售，如原材料等。

1. 存货分配的内容

存货分配是指如何做有效地汇总分类、调拨库存，以便后续的配送作业能有效地进行。

2. 存货分配的方法

存货分配可以分为单一分配和批次分配。

单一订单分配也就是线上即时分配。

批次分配即累计数笔订单资料，一次分配库存。

3. 多储位或多批号的库存分配方法

若商品存放地点有多个仓库、多个储位或有多个批号时，则库存分配应考虑如何选择适当的出货仓库、出货批号、出货储位，以实现高质量即时配送。

4. 参与分配的订单范围

应考虑异动订单是否参与分配。

（1）解除锁定订单。

（2）前次已分配未出货订单。

（3）缺货补送订单。

（4）延迟交货订单。

（5）远期订单。

5. 库存分配的顺序

如果订单中某物品的总出货量大于库存量，那么就要考虑完成订单的先后顺序问题了。下面的几个排序准则，可以利用其中之一，也可以把几个因素综合起来加以考虑。

（1）具有特殊优先权的订单。对于一些例外的订单，如上述的缺货补送订单、延迟交货订单或远期订单，这些在前面就已经允诺交货的订单，或客户提前预约的订单，都应有优先取得订货的权利。因此当存货已补充或到交货期限时，这些订单比其他订单具有优先分配权。

（2）依客户等级。

（3）依交易量/交易金额。

（4）依客户信用状况。

6. 库存分配的时机选择

（1）按接单时段划分。将整个接单时段划分成几个区段，若一天有多个配送时段，可配合配送时段，将订单按接单先后分为几个批次处理。

（2）按流通加工需求划分。将需加工处理或需相同流通加工处理的订单汇总在一起处理。

（3）按配送区域/路径划分。将同一配送区域/路径的订单汇总在一起处理。

7. 库存分配后缺货情况处理

发现有缺货情况时，应当根据不同的情况进行不同的处理：

（1）客户不允许过期交货。在这种情况下，如果配送中心无法重新调拨，应当删除订单上不足额的订货，或直接取消订单。如果配送中心可以重新调拨，则应重新调拨分配订单。

（2）客户允许不足额订单。在这种情况下，若配送中心不希望分批出货，则只好删除订单上的不足额部分。

（3）客户允许不足额订货补送。在这种情况下，配送中心可以等待有货时再予以补送，也可与下一张订单合并配送。

（4）客户希望所有订单一次配送，且不允许过期交货，这时应当取消整张订单。

三、订单处理产生的单证

1. 订单处理过程涉及的主要单证

订单处理过程中涉及的主要单证包括拣货单（出库单）、送货单和缺货资料。其中缺货资料包括库存缺货产品和缺货订单。

2. 拣货单

“拣货单”是在仓库管理中采取了库位管理的时候才采用的。为了更加规范化管理库存，针对每次物品移库、采购出入库、调拨出入库进行物品管理，启用仓库库位管理。“拣货单”分为两种方式：一种是根据销售订单拣货（通常适用于加盟店要货）；一种是根据配货单拣货（通常适用于直营店要货），通过从指定仓库拣货拣入到该仓库中的指定库位（拣货单）中进行后续配货管理。

3. 送货单

（1）送货单的内容。送货单其实就是销售方与买方（客户）之间的销售物品凭证，如：商家甲卖给商家乙货物，商家甲就会出具送货单给商家乙并要求其签收。当然也可以要求商家乙开具入库单，上面写明什么时间拿了什么货物、什么型号以及价格，并且要写明两商家的名称，同时还要有商家乙的印章。以后商家甲就可以凭这张入库单找商家乙收款。这样便于以后的对账和收款，简化了经常合作的两商家之间的交易程序，同时也使市场上的交易更加流动化。

送货单一般由：客户名称，送货单号，送货日期，货品名称，规格，单位，数量，单价，金额，送货人，签收人等字段组成。不同行业的送货单格式略有不同，但内容基本相同。

现在印刷成本比较低，很多单位都是到印刷厂定制自己的送货单的，这样不但送货单的内容更适合自己，还可以把一些条款加上去，并印上自己的电话和网址，看上去档次更高，更能体现出使用单位的管理水平与实力。

（2）送货单的注意事项。送货单是证明收货人签收货物的重要凭证，是合同欠款案件中可以决定诉讼胜败的关键证据，因此在填写送货单时应当注意：

1）送货单上签收的收货人一定要准确。企业作为收货方的话，应要求对方在送货单上加盖企业公章。双方的合同中应约定收货人（合同中应写明姓名，并提供收货企业的授权书和本人的签名式样）。实践中容易犯的错误是，收货公司往往并不在收货单上加盖公章，而只是委派库房中的员工在送货单上签收，这种情况很普遍，但是有风险：如果在催收货款的诉讼中乙方否认自己收取过货物，又否认送货单上签收的人系自己的员工，而收货人与该员工的劳动合同没经劳动部门备案或者他们没签订过劳动合同，则送货人将无法证明在送货单上签字的人系收货人的员工，在没有其他旁证的情况下，要为此承担举证不能的责任，而导致败诉。

2）货物名称、规格、单价等务必写清楚。货物的名称、型号、规格、单价、数量、质量等级这些都是双方交易标的物的具体属性，送货方尤其不能嫌麻烦而不认真填写，这些属性写得越清楚，越能在诉讼中占据有利地位。

单价尤其不能忽略，特别是双方没有书面合同的情况下，送货单上的单价将会成为认定价格的直接证据。如果送货单上没有填写，法院对单价的认定很有可能就会按照市场价格来认定，而受时间和地区及市场价格波动的影响，认定出的价格与实际约定价格可能相差悬殊，往往给送货人带来了很大损失。

四、进货作业计划

1. 进货作业计划的定义

进货作业计划是根据仓库保管合同和商品供货合同来编制商品进货数量和进货时间的进度计划。它的主要内容包括进货商品的品名、种类、规格、数量、进货日期、所需仓容、仓储保管条件等。仓库计划工作人员再对进货作业计划进行分析，编制出具体的进货工作进度计划。

2. 进货作业计划的内容

物流中心的进货作业计划制订的主要基础和依据是需求订单。进货作业计划的制订必须依据订单所反映的信息，掌握商品到达的时间、品类、数量及到货方式，以尽早做出卸货、储位、人力、物力等方面的计划和安排。进货作业计划的制订有利于保证整个进货流程的顺利进行，同时有利于提高作业效率，降低作业成本。

3. 进货单据的类型

进货商品通常会具备下列单据或相关信息：送货单、采购订单、采购进货通知，供应方开具的出仓单、发票、磅码单、发货明细表等；除此之外，有些商品还有随货同行的商品质量保证说明书、检疫合格证、装箱单等；对由承运企业转运的货物，接运时还须审核运单，核对货物与单据反映的信息是否相符。

4. 进货信息单证的流转

（1）业务受理员接受存货人的“验收通知”（也可由存货人委托仓库开具）、货物资料（如质保书、码单、装箱单、说明书和合格证等），登建货物档案，其信息录入计算机后生成验货通知单，并将存货人验收通知单以《货物储存保管合同》附件的形式进行管理。然后将存货人验收通知单作为验收资料和“收货单”及其他验收资料一并交理货员。

（2）理货员根据业务受理员提供的收货单、验收资料、计量方式等确定验收方案、储存货位、堆码方式、所需人力、设备等，做好验收准备工作。

（3）由理货员开具作业通知单，进行验收入库作业，并做好有关记录和标记。

（4）货物验收完毕后，理货员手工出具“验收码单”，一式一联，一并交给复核员。同时负责作业现场与货位的清理和货牌的制作、悬挂。

（5）复核员依据收货单、验收码单对实物的品名、规格、件数和存放货位等逐项核对，签字确认后返回给理货员。

（6）理货员在经复核员签字的收货单、验收码单诸联加盖“货物验收专用章”后，将验收码单录入到计算机中，据此生成仓单附属码单，依据验收结果填写存货人验收通知和收货单，并与其他验收资料一并转回业务受理员。

（7）业务受理员对理货员返回的单据和验收资料审核无误后，由计算机打印仓单附属码单一式两联，依据收货单、验收码单、计算机打印的仓单附属码单第一和第二联、存货人验收通知，以及有关验收资料、记录，报经主管领导或授权签字后，连同存货人验收通知、收货单、仓单附属码单第一和第二联转给收费员。

（8）收费员依据仓库、《货物储运保管合同》约定的收费标准，结算有关的入库费用并出具收费发票。

（9）业务受理员将仓单正联、存货人验收通知、仓单附属码单第一联及收费单据等一并转交给存货人；其余单证资料留存并归档管理。

五、进货活动组织

1. 进货概述

（1）进货实物移动程序。确定订货后，应该根据订货单与供货商联系确认本次进货明细单和发货日期，然后在到货前清理好卖场和库房货架，为进货做好准备。具体的流程如下：

1）根据订货单与供货商联系，确认本次进货明细单和发货日期。

2）清理卖场和库存货架，为进货做好准备。

3）进入接货流程。

4）当店铺内的某种商品已经销售到一定程度，就需要专人跟进补货，以确保不会断货。补货的流程如下：

①根据销售情况确认本次补货清单。

②补货销售单经总部调整后被最终确认。

③将补货单传真至供应商的配送部。

④进入接货流程。

（2）进货方式的分类

1）实体进货

①实体进货优势：面对面交易，诚信可靠，更容易了解商品属性，也是当前主要的进货方式。

②实体进货缺点：进货渠道长，进货成本高，效率低。跨区域进货增加差旅费用及额

外成本，同时对商品的种类有局限性，面临众多的商品可能需要到不同的区域进货。

2）网络进货

网络进货优势如下：

①由于网络商城省去租店面、召雇员及储存保管等一系列费用，总的来说其价格较一般实体进货的同类商品更便宜。

②进货效率高，不受时间限制，随时可以“逛商店”，获得大量商品信息，可以买到当地没有的商品。

③网上支付较传统的现金支付更加安全，可避免现金丢失或遭到抢劫。

④从订货、买货到货物上门无须亲临现场，既省时又省力。

综上可以看出，网络进货突破了传统商务的障碍，无论对消费者、企业还是市场都有着巨大的吸引力和影响力，在新经济时期无疑是达到“多赢”效果的理想模式。

（3）进货准备的内容。在商品到达物流中心之前，必须根据进货作业规划，在掌握入库商品的品种、数量和到库日期等具体情况的基础上做好进货准备。做好入库前的准备，是保证商品入库稳中有序的重要条件。准备工作的主要内容有：储位准备、人员准备、搬运工具准备、相关文件准备。

（4）影响进货效率的因素。在组织与计划进货作业时，我们首先必须对影响进货作业的主要因素进行分析，这些影响因素主要来自供应商及其送货方式、商品种类、特性、商品数量、进货作业与其他作业的相互配合等方面。

1）供应商及其送货方式。每天送货的供应商数量、供应商所采用的送货方式、送货工具、送货时间等因素都会直接影响到进货作业的组织和计划。

2）商品种类、特性与数量。不同商品具有不同的特性，需要采用不同的作业方式，因此每种商品的包装形态、规格、质量特性以及每天运到的批量大小，都会影响物流中心的进货作业方式。

3）进货作业人员。在安排进货作业时，要考虑现有的工作人员以及人力的合理利用，尽可能缩短进货作业时间，避免车辆等待装卸的时间过长。

4）与仓储作业的配合方式。一般物流中心出货和储存有托盘、箱、单件三种方式，进货同样也有这三种方式，因此，在进货时必须通过拆箱、整合等方式将进货摆放方式转换成储存摆放方式，到货方式应尽量与储存方式统一，否则将增加作业环节，造成不必要的浪费。

2. 采购管理

采购是企业从供应商获取商品或服务的一种商业行为，企业经营活动所需要的物资绝大部分是通过采购获得的，采购是企业物流管理的起始点。采购物流管理的目标就是以正确的价格、在正确的时间、从正确的供应商处购买到正确数量和质量的商品或服务。

（1）采购的基本流程。采购管理要实现科学化，首先需要规范采购作业的行为模式。如果按照采购员个人的工作习惯随意操作，则采购的质量难以保证。所以任何企业都需要规定采购的一般流程，消除采购中的“三不”现象（即不管是否为企业所需，不作市场调查和咨询，不问价格高低质量好坏），以保证工作质量，堵住资金流失的漏洞。采购流程通常由以下七个步骤组成：采购申请→选择供应商→价格谈判→签发采购订单→跟踪订单→接受货物→确认供应商支付发票。

1）采购申请。采购申请必须严格根据生产部门的需要以及现有库存量，对品种、数量、保险库存量等因素作科学的计算后才能提出，并且要有审核制度，采购的数量、种类、价格等必须经过主管部门的批准才有效。通过采购申请环节的控制，可以防止随意和盲目采购。

2）选择供应商。在买方市场中，由于供大于求，市场上往往有众多供应商可供选择，此时买方处于有利地位，可以货比多家。选择供应商是企业采购过程中的重要环节，应该尽可能地列出所有的供应商清单，采用科学的方法挑选合适的供应商。

3）价格谈判。价格一直是采购中的敏感问题，买方希望压低价格，而卖方又总是想方设法提高价格，所以价格谈判就成为采购过程的一项重要工作。由于价格问题对谈判双方来说是一种零和对策，一方所失就是另一方所得，但从长远来看，任何一方的暂时所得未必是好事。市场经济是“竞合”的经济，企业间不仅需要竞争，也需要合作，双方的良好合作对双方更加有利，所以此处我们不讨论讨价还价的技能。需要指出的是：第一，价格由市场供需矛盾决定，任何一方都不可能随意要价；第二，采购不仅仅是单一的价格问题，还有质量问题，交货时间与批量问题，包装与运输方式、售后服务问题等，因此需要综合权衡利弊，绝不能在价格上占小便宜，而在其他方面造成不必要的损失。

4）签发采购订单。采购订单相当于合同文本，具有法律效力。签发采购订单必须十分仔细，每项条款认真填写，关键处的用词须反复推敲，表达要简洁，含义要明确。对于采购的每项物品的规格、数量、价格、质量标准、交货时间与地点、包装标准、运输方式、检验形式、索赔条件与标准等都应该认真进行审定。

5）跟踪订单。采购订单签发后并不是采购工作的结束，必须对订单的执行情况进行跟踪，防止对方违约；应保证订单顺利执行，货物按时进库，对订单实施跟踪还可以使企业随时掌握货物的动向，万一发生意外事件，可及时采取措施，避免不必要的损失或将损失降到最低。

6）接受货物。货物运到自己的仓库必须马上组织人员对货物进行验收。验收是按订单上的条款进行的，应该逐条进行，仔细查对。除此以外，还要查对货损情况，如货损是否超标。对发现的问题，要查明原因，分清责任，为提出索赔提供证据。货物验收完毕才能签字认可。

7）确认供应商的支付发票。最后一步是支付货款，支付以前必须查对支付发票与验收的货物清单是否一致，确认没有差错以后才能签字付款。

一般说来，企业按照上述的步骤采购不会发生大的失误。当然，要提高采购水平与质量，使企业在采购环节发掘更大的利润源泉，还有许多事情要做，其中，供应商管理就是一项非常重要的工作。

（2）JIT采购应用的条件。JIT采购是JIT生产在采购物流管理中的应用，它的基本原理是按照生产部门或客户的需求数量和时间，及时安排采购计划，对于采购数量与采购时间，尽量做到既不要过量又要提前，能够准确及时地满足需要，最大限度地降低采购物资的库存水平。生产企业在实施JIT采购时需要供应商的大力配合与支持。

JIT采购方法不同于传统的采购方法。企业要实施JIT采购模式，以下四点十分重要：一是看板管理是JIT采购中最有效的手段；二是企业要选择最佳的供应商，并对供应商进行有效管理。这是JIT采购成功的基石；三是供应商与用户紧密合作是JIT采购成功的钥匙；四是卓有成效的采购过程，严格的质量控制是JIT采购成功的保证。

（3）采购需求的确定。即在采购之前应该先确定买哪些物料、买多少、何时买、由谁决定等。

任何采购都产生于企业中某个部门确切的需求，有些采购申请来自于生产或使用部门，有些采购申请来自于销售、广告部门或实验室。通常，不同的部门会使用不同的采购单，但是在尽可能的情况下应该统一采购申请单，并给不同的部门编上各不相同的数字代码。

（4）采购计划的制订。采购计划是指企业管理人员在了解市场供求情况，认识企业生产经营活动过程和掌握物料消耗规律的基础上对计划期内物料采购管理活动所作的预见性的安排和部署。

广义的采购计划是指为了保证供应各项生产经营活动的物料需要量而编制的各种采购计划的总称。狭义的采购计划是指每个年度的采购计划，即对企业计划年度内生产经营活动所需采购的物料的数量和采购的时间等所作的安排和部署。采购计划的制订，一般可从三个方面考虑：

1）根据前期销售的情况进行统计分析，拟出本期应该进货的品种、名称、型号、规格和数量。

2）参照库存量，库存多的可少进。如果资金充裕，销路好的产品也可适当多进。

3）根据当前市场行情，做一些适当调整。

（5）采购预算编制的原则

采购预算是采购人开展采购活动的资金来源和行动指南，是采购监管部门绩效评价的重要内容和监管的法律依据。因此，采购预算编制工作至关重要，采购预算编制原则包括：

1）以采购需求编制采购项目。

先了解企业的现状，根据工作需要和企业的发展，确定好采购需求，依照规定的配置标准，再看究竟需要采购哪些商品，明确采购范围，并将本企业本系统的支出采购项目进行分类汇总，最终向同级财政部门编报，做到以需定采，应采尽采。

2）以统筹财力编制采购金额。

采购人要把握采购预算的全面性和完整性，将资金预算与采购预算完整地统一起来，将统筹财力与细化采购项目紧密结合起来，对每一个采购项目的需求数量、采购标准进行精打细算，明确资金来源和总金额，不得漏报、空报、瞒报，切忌“假、大、空”，搞“赤字预算”或“寅吃卯粮”，使采购预算编制量入为出为原则，做到如实、准确、完整。

3）以采购限额编制采购形式。

根据当地年度政府采购目录和采购限额标准的要求，针对本企业采购项目的具体情况进行综合分析，确定采购项目的组织形式，看所报采购项目哪些是属于集中采购项目，哪些属于应当招标采购的项目，哪些属于应当竞争性谈判或者询价的项目，然后进行分门别类，选择适合的具体采购方式，做到依据充分，选择得当。

3. 供应商管理

供应商管理是企业保证物资供应、确保采购质量和节约采购资金的重要环节。供应商管理的重要性在20世纪40年代就受到发达国家的重视，经过60多年的实践以及理论探索，供应商管理已经有了很多优秀的研究成果。供应商管理最主要的两个研究领域及成果是供应商的选择和供应商的关系管理。因此供应商管理不仅包括区分供应商级别，对物资供应渠道进行选择以及从质量、价格、售后服务、交货期等方面对供应商进行综合的、动态的评估，还包括如何管理同供应商的关系。供应商管理已成为采购物流管理的重要研究内容。

（1）选择供应商的指标

1）技术水平。技术水平是指供应商提供商品的技术参数是否能达到要求，供应商是否具有一支技术队伍和能力去制造或供应所需的产品，是否具有产品开发和改进项目的能力，这些问题都很重要。选择高技术水准的供应商，对企业的长远发展是有好处的。

2）产品质量。供应商提供的产品质量是否可靠，是一个很重要的评估指标。供应商的产品必须能够持续稳定地达到产品说明书的要求，供应商必须有一个良好的质量控制体系。对供应商提供的产品，除了在工厂内作质量检验以外，还要考察实际使用效果，即检查在实际环境中使用的质量情况。

3）供应能力。企业需要确定供应能力即供应商的生产能力，确定供应商是否具备相当的生产规模与发展潜力，这意味着供应商的制造设备必须能够在数量上达到一定的规模，能够保证供应所需数量的商品。

4）价格。供应商应该能够提供有竞争力的价格，这并不意味着必须是最低的价格。这个价格是考虑了要求供应商按照所需的时间，所需数量、质量和服务后确定的，供应商还应该有能力向购买方提供改进产品质量的方案。

5）地理位置。供应商的地理位置对库存量有相当大的影响。如果物品单价较高，需求量又大，距离近的供应商有利于管理。购买方总是期望供应商离自己近些，或至少要求供应商在当地建立库存，地理位置近，送货时间就短，意味着缺货时可以快速送到。

6）可靠性（荣誉）与售后服务。可靠性是指供应商的信誉，在选择供应商时，应该选择一家有较高信誉的、经营稳定的、财务状况良好的供应商。同时，双方应该相互信任，讲究信誉，并能把这种关系保持下去。供应商必须具有优良的售后服务，如果需要他们提供可替代商品，或者需要提供某些技术支持，好的供应商应该能够提供这些服务。除了以上各点以外，有时还有一些其他因素，如供应商的信用状况、是否能够互惠经营、提前期、交货准确率、快速响应能力等。

（2）评估供应商的方法。供应商的评估与选择是一个多对象多因素（指标）的综合评价问题，有关此类问题的决策已经建立了几种数学模型。它们的基本思路是相似的，先对各个评估指标确定权重，再对所得分数乘以该指标的权重，进行综合处理后得到一个总分，最后根据每个供应商的总得分进行排序比较和选择。

1）线性权重方法。线性权重方法是目前供应商定量考评最常使用的方法。其基本原理是给每个指标分配一个权重，每个供应商的定量评价结果为该供应商各项指标的得分与相应准则权重的乘积之和。通过对各候选供应商加权后结果的比较，进行供应商的考评排名。

例如，需求方按如下分配比例来评价本地的供应商：产品质量占 40 分，价格占 35 分，合同完成率占 25 分。根据上期统计材料（见表 3—1），对供应商进行考评。

根据表 3—1 的数据，按以下计算可得出各供应商的综合分数如下：

甲：（2 920÷3 000）×40＋（86÷88）×35＋0.98×25＝97.64

乙：（3 200÷3 400）×40＋（86÷86）×35＋0.92×25＝95.65

丙：（480÷600）×40＋（86÷93）×35＋0.95×25＝88.12

丁：（1 200÷1 300）×40＋（86÷90）×35＋1×25＝95.37

表 3—1　　某物料供应商上期统计资料表

供应商	收到的商品量（个）	验收合格量（个）	单价（元）	合同完成（%）
甲	3 000	2 920	88	98
乙	3 400	3 200	86	92
丙	600	480	93	95
丁	1 300	1 200	90	100

如果规定得分在90～100分者为A级，得分在75～90分者为B级，则可知：甲、乙、丁为A级供应商，丙为B级供应商。

2）供应商专家评分评估方法。专家评分法也是一种定性描述的定量化方法，它首先根据评价对象的具体要求选定若干个评价项目，再根据评价项目制定出评价标准，聘请若干代表性专家凭借自己的经验按此评价标准给出各项目的评价分值，然后对其进行评价。

3）供应商层次评估方法。层次分析法的基本原理是根据具有递阶结构的目标和子目标（选择准则）以及约束条件等对供应商进行评价。首先用两两比较的方法确定判断矩阵，然后把判断矩阵的最大特征值与相应的特征向量的分量作为相应的系数，最后综合出每个供应商各自的权重（优先程度），通过对优先程度的比较实现对供应商的考评。

第 2 节　分拣与补货作业管理

学习目标

- ➤熟悉配送作业计划和拣货作业的相关知识
- ➤掌握补货作业的定义、方式
- ➤能够进行补货作业一般流程的操作

一、配送作业计划编制

1. 配送作业计划基础

（1）配送计划的内容。配送虽然是一种物流业务，但商流是编制配送作业计划的依据，即由商流决定何时、何地向何处送何种货物。配送中心根据客户的要求，拣配客户订货的品种规格和数量，安排恰当的运输工具、运输路线和运量，以便使商品安全、及时地送给客户。配送计划的内容包括：

1）分配地点、数量与配送任务。应当综合考虑车辆数量、地点的特征、距离、线路，将配送任务合理分配，使配送业务达到配送路线最短，所用车辆最少，总成本最低，服务水平最高。

2）确定车辆数量。拥有较多的配送车辆可同时进行不同路线的配送，提高配送时效性，但会增加成本。应权衡客户服务水平和车辆数量的关系。

3）确定车队构成及车辆组合。配送车队一般应根据配送数量、货物特征、配送路线选择、配送成本分析进行自有车辆的组合，可考虑引用外部车队，调节好自有车辆和外部车辆的比例。

4）控制车辆最长行驶里程。通过核定行驶里程和行驶时间，可以评估工作量，避免因司机疲劳驾驶造成交通隐患，全面保证人员及货物安全。

5）车辆容积、载重限制。选定配送车辆需要根据车辆本身的容积、载重限制结合货物自身的体积、质（重）量考虑最大装载量，不浪费车辆的有限空间，降低配送成本。

6）路网结构的选择。配送中心辐射范围通常为 60 千米，通过共同配送点可形成很多区域网络，所有的配送方案都应该满足这些区域网络对各个配送地点的要求。

7）时间范围的确定。在制订配送计划时应对交通流量等影响因素予以充分考虑，或与客户协商，尽量选择夜间配送、凌晨配送、假日配送等方式。

8）与客户作业层面的衔接。考虑客户方面是否有作业配合，是否提供随到随装条件，是否需要搬运装卸等候，停车地点据货物存放地点远近等。

9）达到最佳化目标。配送的最佳化目标是指：按“四最”（配送路线最短、所用车辆最少、作业成本最低、服务水平最高）的标准，即在客户指定的时间内，准确无误地按客户需求将货物送达指定地点。

（2）配送主计划的内容。配送主计划是指对未来一定时期内，对已知客户需求进行前期的配送规划，以便对车辆、人员、支出等作统筹安排。

（3）每日配送计划的内容。每日配送计划是针对配送主计划，逐日进行实际配送作业的调度计划。

（4）特殊配送计划的内容。特殊配送计划是指针对突发事件或不在主计划规划范围内的配送业务，或者不影响每日正常配送业务所作的计划。

2. 配送作业计划编制

（1）编制配送计划主要依据

1）根据订货合同确定客户的送达地、接货人、拣货方式，客户订货的品种、规格、数量及送货时间等。

2）根据配送商品的性能、状态和运输要求，决定运输工具及装卸搬运的方法。

3）根据分日、分时的运力配置情况，决定是否要临时增减配送业务。

4）充分考虑配送中心到达送达地之间的道路水平和交通条件。

5）调查各配送地点的商品种类、规格、数量是否适应配送任务的完成。

(2）配送计划制订的要点

1）确定配送计划的目的。

2）收集相关数据资料。主要资料包括：产品需求量变化等相关统计数据、当年销售计划、生产计划、流通渠道的规模以及变化情况、配送中心的数量、规模、运输费用、仓储费用、管理费用等。

3）整理配送的七要素。这七个要素包括货物、客户、车辆、人员、路线、地点和时间。

二、拣货策略

1. 拣选作业概述

(1）拣货过程主要活动的内容。拣货作业在配送作业环节中不仅工作量大，工艺复杂，而且要求作业时间短，准确度高，服务质量好。拣货作业流程如下：制作拣货作业单据、安排拣货路径、分派拣货人员拣货。

整个拣货作业所消耗的时间主要包括以下四大部分：

1）订单或送货单经过信息处理，形成拣货指示的时间。

2）行走或搬运货物的时间。

3）准确找到货物的储位并确认所拣货物及数量的时间。

4）拣取完毕，将货物分类集中的时间。

(2）拣货单位确定的方法。拣货单位是指拣货作业中拣取货物的包装单位。通常拣货单位可分为托盘、箱（外包装）、单件（小包装）以及特殊货物四种形式。托盘由箱堆码在托盘上集合而成，经托盘装载后加固。每托盘堆码数量固定，拣货时以托盘为拣取单位。箱由单件装箱而成，拣货过程以箱为拣取单位。单件商品包装成独立单元，以该单元为拣取单位，是拣货的最小单位。特殊物品是体积过大，形状特殊，或必须在特殊情况下作业的货物，如：桶装液体、散装颗粒、冷冻食品等，拣货时以特定包装形式和包装单位为准。

有些品种根据配送要求需要两种以上的拣货单位，如有些用量小的客户以单件或箱为单位出货；有些需大批量送货的客户则可以以箱或整托盘拣取直接出货。确定拣货单位的必要性在于避免分拣及出货作业过程中对货物进行拆装，甚至重组，以提高分拣系统作业效率，同时也是为了适应自动化分拣作业的需要。而且拣取的货物来自储存系统，储存系统的货物通过验收入库而来，因此，从供应商供货到进货入库存储，再到分拣出货，要提高整个物流系统的作业效率，减少货物拆装、重组的工作量，必须根据配送的包装要求，确定拣货包装单位，根据拣货包装单位，来相应地调整储存和入库商品的包装单位。

依据何种包装单位拣货是从订单分析出来的结果，其分析过程如图 3—1 所示。

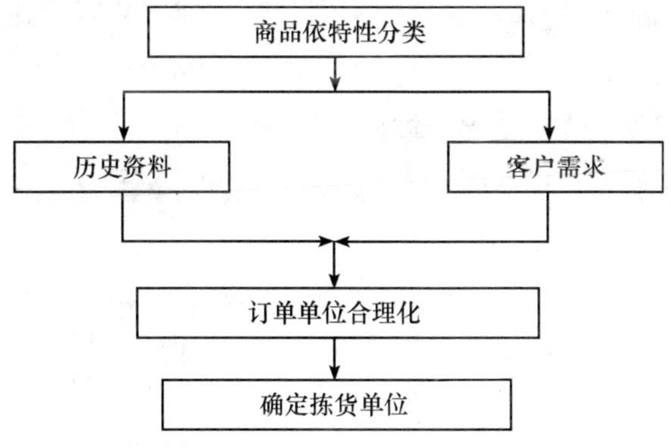

图 3—1 拣货单位分析过程

其中商品特性分类是指将必须分别储存处理的商品依特性来分类，再由历史订单统计资料结合客户对包装单位的要求，与客户协商后将订单上的单位合理化。历史订单统计资料主要是算出每一出货品种以托盘为单位的出货数量，以及从托盘上以箱为单位拣取出货的数量，作为分拣包装单位设计的基础。将订货单位合理化，主要是避免过小的单位出现在订单中。过小的单位出现在订单中，必须进行合理整合，否则会增加作业量，并且引起作业误差。将合理化后的商品资料进行归类整理，最终确定拣货单位。

（3）拣货方式确定的方法。拣货作业最简单的划分方式，是将其分为按订单拣取、批量拣取与复合拣取三种方式。按订单拣取是分别按每份订单拣货；批量拣取是多张订单累积成一批，汇总后形成拣货单，然后根据拣货单的指示一次拣取商品，再根据订单进行分类；复合拣取是将以上两种方式组合起来的拣货方式，即根据订单的品种、数量及出库频率，确定哪些订单适合按订单拣取，哪些适合批量拣取，然后分别采取不同的拣货方式。

（4）拣货信息处理的内容。拣货信息是拣货工作的指令。拣货作业的依据是客户的订单或其他送货指令，因此，拣货信息最终来源于客户的订单。拣货信息既可以通过手工单据来传递，也可以通过其他电子设备和自动拣货系统传输。

1）订单传票。订单传票即直接利用客户的订单或以配送中心送货单作为拣货指示凭据。这种方法适用于订单订购品种比较少，批量较小的情况，经常配合订单选择拣取方式。订单在传票和拣货过程中易受到污损，可能导致作业过程发生错误，而且订单上未标明货物储放的位置，靠作业人员的记忆拣货，影响拣货效率。

2）拣货单传递。把原始的用户订单输入计算机进行拣货信息处理后打印出拣货单的方式。这种方式的优点是：经过处理后形成的拣货单上标明的信息能更直接、更具体地指导拣货作业，提高拣货作业效率和准确性。但处理打印拣货单需要一定的成本，而且必须尽可能防止拣货单据出现误差。

3）显示器传递。显示器传递是在货架上安装灯号或安装液晶显示器显示通过数位控制系统传递过来的拣货信息。显示器安装在储位上，相应储位上的显示器显示该商品应拣取的数量，也就是采用数位拣取系统。这种系统可以安装在重力式货架、托盘货架、一般货物棚架上。显示器传递方式可以配合人工拣货，防止拣货错误，增加拣货人员的反应速度，提高拣货效率。

4）无线通信传递。无线通信传递是在叉车上安装无线通信设备，通过这套设备把应从哪个储位拣取何种商品及拣取数量等信息指示给叉车上的司机以拣取货物。这种传递方式通常适应于大批量出货时的拣货作业。

5）计算机随行指示。计算机随行指示是指在叉车或台车上设置辅助拣货的计算机终端机，拣取前先将拣货信息输入计算机，拣货人员依据叉车或台车上计算机屏幕的指示，到正确位置拣取货物。

6）条形码。把条形码贴在商品或货箱表面上，经过扫描器阅读，计算机解码，把“线条符号”转变成“数字号码”便于计算机运算。

7）自动拣货系统传递。拣货过程全部由自动控制系统完成。通过电子设备输入订单后形成拣货信息，在拣货信息指导下由自动分拣系统完成分拣作业，这是目前物流配送技术发展的主要方向之一。

（5）拣选系统设备配置。在整个分拣作业过程中使用到的设备非常多，主要有储存设备、搬运设备、分类设备和信息处理设备等。

1）人至物的分拣设备。这是指物品固定，拣货人员到物品位置把物品拣选出来的工作方式。大概分为以下两类。

①储存设备：包括托盘货架、轻型货架、储柜、流动货架、高层货架、储位显示货架。

②搬运设备：包括无动力台车、动力台车、动力牵引堆垛机、拣选车、搭乘式存取机、无动力输送机、动力输送机、计算机辅助台车等。

2）物至人的分拣设备。这与人至物的拣选方法相反，拣货人员固定位置，等待设备把物品运至拣货者面前进行拣货。这种拣货设备的自动化水平较高，本身附有动力，所以能移动物品储位或把物品取出。

①储存设备：包括单元负载自动仓库、轻负载自动仓库、水平旋转自动仓库、垂直旋

转自动仓库、梭车式自动仓库等。

②搬运设备：包括堆垛机、动力输送带、无人搬运车等。

3）自动分拣系统。自动分拣系统分拣时无人介入，自动进行。其中包括箱装自动分拣系统和单品自动分拣系统两种。

自动分拣系统目前已广泛应用于国内外自动化程度较高的配送中心。对于整托盘出货可以使用升降叉车或巷道堆垛起重机拣取货物，置于自动分类输送机上，人工拣取小件；分拣小批量货物时，则由人工取货置于货架前传输带上进入自动分类输送机。自动分类输送机通过控制装置、识辨分类装置、输送装置、分拣道口完成分拣作业过程。以下是七种常见的自动分拣设备：

①大托盘高速包刷分拣机（见图 3—2）。大托盘高速包刷分拣机兼用于包裹和印刷品分拣。采用先进的可编程控制，可实现上位机联网、条码扫描、故障显示功能，翻盘可配置气动系统。可分拣大、重包裹（最大可达 28 千克）。主机分拣率可达 2 400～4 800 件/小时。

图 3—2　大托盘高速包刷分拣机

②高速托盘式分拣机（见图 3—3）。主要用于物件自动传输、分拣。采用先进的可编程控制，可实现上位机联网、条码扫描、故障显示等功能，翻盘可配置气动系统，超长的布置还可以采用双级同步变频调速驱动装置。分拣效率 3 600～7 200 件/小时。

③环行斗式初分机（见图 3—4）。环行斗式初分机用于各种类型物件初次分拣的重要设备。

图 3—3　高速托盘式分拣机

图 3—4　环行斗式初分机

④堆块式分拣系统（见图 3—5)。堆块式分拣系统由链板式输送机和具有独特形状的滑块在链板间左右滑动进行商品分拣的推块等组成。堆块式分拣系统是由堆块式分拣机、供件机、分流机、信息采集系统、控制系统、网络系统等组成。

图 3—5　堆块式分拣系统

⑤交叉带式分拣机（见图 3—6）。由主驱动带式输送机和载有小型带式输送机的台车（简称“小车”）联结在一起，当“小车”移动到所规定的分拣位置时，转动皮带，完成把商品分拣送出的任务。

图 3—6　交叉带式分拣机

⑥斜导轮式分拣机（见图 3—7）。对商品冲击力小，分拣轻柔且分拣快速准确，适应各类硬纸箱、塑料箱等平底面的商品。

图 3—7　斜导轮式分拣机

⑦摇臂式分拣机（见图 3—8）。被分拣的物品放置在钢带式或链板式输送机上，当到达分拣口时，摇臂转动，物品沿摇臂杆斜面滑到指定的目的地。

2. 决定拣选策略的因素

拣选策略是影响拣选作业效率的重要因素。对不同订单需求应采取不同的拣选策略。决定拣选策略的四个主要因素是：分区、订单分割、订单分批及分类。

图 3—8　摇臂式分拣机

3. 拣货区分区策略的类型

（1）拣货区分区策略的类型。分区策略是将拣选作业场地作区域划分，按分区原则的不同，有四种分区方法：

1）货品特性分区。根据货品原有的性质，将需要特别储存搬运或分离储存的货品进行区隔，以保证货品的品质在储存期间保持稳定。

2）拣选单位分区。

3）拣选方式分区。

4）工作分区。

以上的拣选分区可同时存在于一个配送中心内，或是单独存在。除接力式分拣外，在分区分拣完成后仍需将拣出的货品按订单加以集合。

（2）按拣货单位分区的类型。将拣选作业区按拣选单位划分，如箱装拣选区、单品拣选区，或是具有特殊货品特性的冷冻品拣选区等，目的是使储存单位与拣选单位分类统一，以方便分拣与搬运单元化，使分拣作业单纯化，一般拣选单位分区形成的区域范围是最大的。

（3）按拣货方式分区的类型。不同拣选单位分区中，按拣选方法和设备的不同，又可分为若干区域，通常是按货品销售的 ABC 分类的原则，根据出货量的大小和分拣次数的多少作 ABC 分类，然后选用合适的拣选设备和分拣方式。其目的是使拣选作业单纯一致，减少不必要的重复行走时间。在同一单品拣选区中，依据拣选方式的不同，又可分为台车拣选区和输送机拣选区。

（4）按工作分区的类型。在相同的拣货方式下，将拣选作业场地再作划分，由一个或一组固定的拣选人员负责分拣某区域内的货品。该策略的优点是拣选人员需要记忆的存货位置和移动距离减少，拣选时间缩短，还可以配合订单分割策略，运用多组拣选人员在短时间内共同完成订单的分拣，但要注意工作协调问题。

接力式分拣是工作分区的一种形式。其订单不作分割或不分割到各工作分区，拣选人员以接力的方式来完成所有的分拣动作。这种方式效率较高，但人力消耗较大。

4. 拣货订单分析策略

（1）订单分割策略的类型。当订单上订购的货品项目较多，或拣选系统要求及时快速处理时，为使其能在短时间内完成拣选处理，可将订单分成若干份子订单交由不同拣货区域同时进行拣货作业，将订单按拣选区进行分解的过程称为订单分割。

订单分割一般是与拣选分区相对应的，对于采取拣选分区的配送中心，其订单处理过程的第一步就是要按区域进行订单的分割，各个拣选区根据分割后的子订单进行分拣作业，各拣选区子订单拣选完成后，再进行订单的汇总。

（2）订单分批策略的类型。订单分批是为了提高拣选作业效率而把多张订单集合成一批，进行批次分拣作业，其目的是缩短分拣时平均行走搬运的距离和时间。若再将每批次订单中的同一货品品项加总后分拣，然后再把货品分类给每一个顾客订单，则形成批量分拣，主要不仅缩短了分拣时平均行走搬运的距离，也减少了重复寻找货位的时间，而使拣选效率提高。如果每批次订单数目过多，则必须耗费较多的分类时间，甚至需要有强大的自动分类系统的支持。

1）总合计量分批方法。合计拣选作业前所积累订单中每一货品项目的总量，再根据这一总量进行分拣以将分拣路径减至最短，同时储存区域的储存单位也可以单纯化，但需要有功能强大的分类系统来支持。这种方式适用于固定点之间的周期性配送，可以将所有的订单在中午前收集，下午作合计量分批分拣单据的打印等信息处理，第二天一早进行分拣分类等作业。

2）定时分批方法。当从订单到达至拣选完成出货所需的时间非常紧迫时，可利用此策略开启短暂而固定的时窗，如 5 分钟或 10 分钟，再将此时窗中所到达的订单做成一批，进行批量分拣。这一方式常与分区及订单分割联合运用，特别适合到达时间短而平均的订单形态，同时订购量和品项数不宜太大。

3）固定订单量分批方法。订单分批按先到先处理的基本原则，当累计订单量到达设定的固定量时，再开始进行拣选作业。适合订单形态与时窗分批类似，但这种订单分批的方式更注重维持较稳定的作业效率，而在处理的速度上较前者慢。

4）智慧型分批方法。利用计算机，将分拣路径相近的订单分成一批同时处理，可大量缩短拣选行走搬运距离。采用这种分批方式的配送中心通常将前一天的订单汇总后，经计算机处理在当天下班前产生次日的拣选单据，因此对紧急插单作业处理较为困难。

5. 分类拣货策略的类型

当采用批量拣选作业方式时，拣选完成后还必须进行分类，因此需要相互配合的分类策略。分类方式大致可分为两类：

（1）拣货时分类的做法。在分拣的同时将货品按各订单分类。这种分类方式常与固定量分批或智能分批方式联用，因此需要使用计算机辅助台车作为拣选设备，才能加快分拣速度，同时避免错误发生。较适用于少量多样场合，且由于拣选台车不可能太大，所以每批次的客户订单不宜过大。

（2）拣取后集中分类的做法。分批按合计量分拣后再集中分类。一般有两种方法：一是以人工作业为主，将货品总量搬运到空地上进行分发，而每批次的订单量及货品数量不宜过大，以免超出人员负荷；另一种方法是利用分类输送机系统进行集中分类，是较自动化的作业方式。当订单分割越细，分批批量品项越多时，常用后一种方法。

6. 拣选策略的应用

企业可以根据订单特点，运用有效的拣选策略，以上几大类拣货策略可单独或联合运用，也可不采用任何策略，直接按订单拣取。不同企业通过各种拣选技术与拣选策略的混合使用寻找最适合企业自身的运作方式。下面是有关不同行业拣选策略与技术应用的情况：

（1）零售业。近年来，随着商品种类的极大丰富，居民购买力持续增强，中国消费品市场营业额年增长上万亿元。零售业的兴旺，使得支撑零售企业快速发展的配送中心大量涌现。

零售企业对拣选、配送的要求越来越高。通常，连锁零售企业经营商品多达十几万种，门店众多；总的配送量很大，而且要货的频率高、批量小，开箱拆零日渐频繁；要货时间十分紧迫，必须限时限期送到。另外，在零售企业配送中心，一个拣选错误可能增加巨大的额外成本。所以，对于高流动量的货品，提高拣选效率、避免拣选错误非常关键；对于中等流动量或低流动量的货品，则需要结合考虑成本及效率的因素。

因此，零售行业配送中心几乎囊括了所有的常用拣选技术，包括纸张拣选、RF 拣选、灯光拣选、语音拣选、AGV 拣选、机器人拣选等。值得一提的是，在国外零售企业配送中心，语音拣选大量代替了 RF 拣选和纸张拣选，成为一种更准确、更有效而灵活的拣选方式。

（2）医药行业。与零售业配送相比，医药行业的配送除了满足连锁药店零售配送的需求外，还有其独特的需求。如何减少药品流通环节，有效控制经营成本，实实在在为终端客户降低药价，是医药企业不可回避的话题。

随着国家对药品监管力度的不断加强，医药公司必须严格执行药品的生产日期、有效期等批次管理，拣选药品时更需考虑先进先出等因素。根据药品的储存条件，一般医药配送中心配备有常温库、阴凉库、超低温库，还有完全独立于一般药品库的毒麻库。应根据各类药品的特殊要求，配备各种不同的拣选技术与软硬件。例如，在电子标签拣选区域，拣货员只需用激光扫描枪扫描周转箱上的条码，货架上的电子标签就会显示出拣选位置和数量，拣货员完成相应操作后即可开始下个订单的拣选。每个作业指令与信息库中的数据都保持一致。

除了上面提到的灯光拣选（电子标签拣选）技术外，RF、语音、自动传输与分拣结合条码或者 RFID 技术也在医药配送中心有广泛的应用。选用合适的拣选技术，能有效地提高拣选效率，减少仓库人员的工作时间，降低药品的物流成本，大大缩短药品配送的时间，尤为重要的是，可以确保药品拣选的准确率。

（3）制造业。谈到制造业，不同行业、不同企业的物流系统都要从具体需求出发，选择合适的拣选解决方案。以钢材制造企业来说，钢铁产品有大量的品种规格，尺寸和形状各异，有时凭借肉眼很难鉴别类似产品之间的差异，例如两根钢管的长度差异，或者类似材质之间的差异等。自动拣选技术在差异性小的产品中的应用就显得十分关键。

对制造企业来说，库存数量的准确性和可用性也很重要，如果在客户需要时正好缺少某种产品，可能会丢失客户。拣选技术配以信息管理系统，能提供更好的库存能见度，进而促进销售。

目前，制造企业使用最多的是纸张和 RF 配合条码等拣选方式。随着技术的发展，RFID、语音等拣选技术越来越多地受到关注。

三、补货作业

补货作业是将货物从仓库保管区搬运至拣货区的工作，其目的是确保商品能保质保量按时送到指定的拣货区。补货作业的基本流程如图 3—9 所示。

1. 补货作业的特点

（1）整箱补货的特点。这种补货方式是以箱为单位进行补货。此补货方式保管区为货架存放，动管拣货区为两面开放式的流动式货架。拣货时拣货员在流动货架拣取区拣取单品放入周转箱中，而后放置于输送机运至出货区。而当拣取后发现动管区的存货低于要求之下则要进行补货的动作。

由货架保管区补货至流动架的动管区，此保管、动管区储放形态的补货方式较适合体积小且少量多样出货的货物。

（2）托盘补货的特点。这种补货方式是以托盘为单位进行补货。根据补货的位置不同，又分为两种情况：一种是地板至地板；一种是地板至货架。

1）地板至地板的整托盘补货。此补货方式保管区为以托盘为单位地板平置堆叠存放，

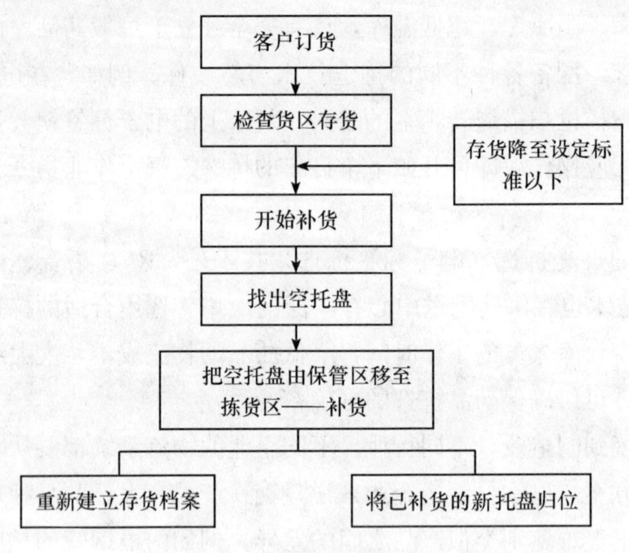

图 3—9　一般补货作业流程

动管区也为以托盘为单位地板平置堆叠存放，所不同之处在于保管区的面积较大，存放物品量较多，而动管区的面积较小，存放物品量较少。拣取时拣货员于拣取区拣取托盘上的货箱，放至中央输送机出货；或者，可使用叉车将整个托盘送至出货区（当拣取大量品项时)。而当拣取后发觉动管拣取区的存货低于水准之下，则要进行补货动作。

其补货方式为作业员以叉车由托盘平置堆叠的保管区搬运托盘至同样是托盘平置堆叠的拣货动管区。此保管、动管区存放形态的补货方式较适合体积大或出货量多的物品。

2）地板至货架的整托盘补货。此补货方式保管区是以托盘为单位地板平置堆叠存放，动管区则为托盘货架存放。拣取时拣货员在拣取区搭乘牵引车拉着推车移动拣货，拣取后再将推车送至输送机出货。而一旦发觉拣取后动管区的库存太低，则要进行补货动作。

补货方式为作业员使用叉车至地板平置堆叠的保管区搬回托盘，送至动管区托盘货架上存放。此保管、动管区存放形态的补货方式较适合体积中等或中量（以箱为单位）出货的物品。

(3）货架补货的特点。此补货方式为保管区与动管区属于同一货架，也就是将一货架上的方便拿取之处（中下层）作为动管区，不容易拿取之处（上层）作为保管区。而进货时便将动管区放不下的多余货箱放至上层保管区。对动管拣取区的物品进行拣货，而当动管区的存货低于正常存货水准之下则可利用叉车将上层保管区的物品搬至下层动管区补货。

此保管、动管区存放形态的补货方式较适合体积不大，每品项存货量不高，且出货多属中小量（以箱为单位）的物品。

（4）批组补货的特点。批组补货，是指每天由计算机计算所需货物的总拣取量和查询动管区存货量后得出补货数量，从而在拣货前一次性补足，以满足全天拣货量。这种一次补足的补货原则，较适合一日内作业量变化不大、紧急订单不多或是每批次拣取量大的情况。

（5）定时补货的特点。定时补货，是把每天划分为几个时点，补货人员在时段内检查动管拣货区货架上的货品存量，若不足则及时补货。这种方式适合分批拣货时间固定且紧急处理较多的配送中心。

（6）随机补货的特点。随机补货，是指定专门的补货人员，随时巡视动管拣货区的货品存量，发现不足则随时补货。这种方式较适合每批次拣取量不大、紧急订单多，以至于一日内作业量不易事先掌握的情况。

2. 补货作业的方式

（1）自动仓库补货方式。自动化仓库系统是在不直接进行人工处理的情况下能自动存储和取出物料的系统。自动化仓库是由电子计算机进行管理和控制，不需人工搬运作业而实现收发作业的仓库。

自动仓库补货就是自动化立体仓库根据补货指令，自动完成取货、送货作业。

（2）直接补货方式。即货品入库时将需要补货的货品直接送入动管拣货区，而不经由保管区再转送的补货方式。

（3）复合制补货方式。一般拣取区采取复合制的补货方式。比如英国的BOOTS公司动管拣取区采用相同品项在两个相邻栈板的储放。而保管区则分两处进行两阶段的补货。第一保管区为高层料架仓库。第二保管区为动管区旁的临时保管处所。进行第一阶段补货时先由第一保管区之高层料架提取一栈板量货品放置于动管区旁的第二保管区，等动管拣货区内某一品项的其中一个栈板拣取完毕后，将空栈板移出，后面栈板往前推进，再由第二保管区将补货栈板移进动管拣货区。

四、配送企业服务范围确定

1. 配送服务对象的特点

配送中心的服务对象或客户不同，配送中心的订单形态和出货形态就会有很大不同。例如为生产线提供JIT配送服务的配送中心和为分销商提供服务的配送中心，其分拣作业的计划、订单传输方式、配送过程的组织将会有很大的区别；而同是销售领域的配送中心，面向批发商的配送和面向零售商的配送，其出货量的多少和出货的形态也有很大不同。

2. 按处理货品种类划分的方法

配送中心所处理的货品品项数差异性非常大，多则上万种以上，如书籍、医药及汽车零件等配送中心；少则数百种甚至数十种，如制造商型的配送中心。由于品项数的不同，则其复杂性与困难性也有所不同，例如所处理的货品品项数为一万种的配送中心与处理货品品项数一千种的配送中心是完全不同的，其货品的储位安排也完全不同。

另外，配送中心所处理的货品种类不同，其特性也完全不同。如目前比较常见的配送货品有：食品、日用品、药品、家电品、3C（计算机、通信、消费电子产品）货物、服饰货物、音像制品货物、化妆品、汽车零件及书籍货物等。它们分别有其货品的特性，配送中心的厂房硬件及物流设备的选择也完全不同。例如食品及日用品的进出货量较大，而3C货物的货品尺寸大小差异性非常大，家电货物的尺寸较大。

3. 处理货品数量与库存量的变动趋势

货品的出货数量的多少和随时间的变化趋势会直接影响到配送中心的作业能力和设备的配置。例如一些季节性波动、年节的高峰等问题，都会引起出货量的变动。

配送中心的库存量和库存周期将影响到配送中心的面积和空间的需求。因此应对库存量和库存周期进行详细的分析。一般进口商型的配送中心因进口船期的原因，必须拥有较长的库存量（约2个月以上）；而流通型的配送中心，则完全不需要考虑库存量但必须注意分货的空间及效率。

4. 物流渠道

物流渠道与配送服务范围也有很大的关系。常见的几种物流渠道如下：

（1）工厂→配送中心→经销商→零售商→消费者

（2）工厂→经销商→配送中心→零售商→消费者

（3）工厂→配送中心→零售店→消费者

（4）工厂→配送中心→消费者

因此规划配送中心之前首先必须了解物流渠道的类型，然后根据配送中心在物流渠道中的位置和上下游客户的特点进行规划。

5. 物流服务的要求

企业建设配送中心的一个重要的目的就是提高企业的物流服务水平，但物流服务水平的高低恰恰与物流成本成正比，也就是物流服务品质越高则其成本也越高；但是站在客户的立场而言，希望以最经济的成本得到最佳的服务；所以原则上物流的服务水准，应该是合理的物流成本下的服务品质，也就是物流成本不会比竞争对手高，而物流的服务水准比其高一点即可。

物流服务水平的主要指标包括：订货交货时间，货品缺货率，增值服务能力等。应该针对客户的需求，制定一个合理的服务水准。

五、配送作业区划分

根据物流配送中心运营特性进行作业区域的功能规划，将物流配送中心作业区分为以下九种：

1. 管理作业区

管理区是中心内部行政业务管理、信息处理、业务洽谈、订单处理以及指令发布的场所。一般位于配送中心的出入口。

2. 采购进货作业区

主要完成货物入库前的工作，包括接货、卸货、检验、分类、入库准备等工作。主要设施有进货火车专用线或卡车卸货站、卸货站台、分类、验收区和暂存区。

3. 理货作业区

理货是配送区别于一般送货的重要标志，包括商品分拣、配货和包装等作业活动。

4. 储存作业区

储存作业区保管有一定储存时间的货物，一般情况下它的占地面积是储存型配送中心面积的一半以上。通常配有多层货架和用于集装单元化的托盘。

5. 加工作业区

加工作业区的大小一般根据加工类型以及加工作业量的大小来确定它的所占面积。

6. 分拣作业区

拣货作业是配送中心核心作业环节，也是最费时的工作。拣货作业区的合理布置可以提高整个配送中心的运作效率。根据配送中心类型及经营商品特性，拣货方式可分为储存和拣货区共用托盘货架、储存和拣货区共用的零星拣货方式，储存与拣货区分开的零星拣货方式和分段拣货的少量拣货方式等。

7. 发货作业区

发货作业区将按照订单配齐的货物装车外运，发货作业区中主要的设施包括站台、停车场等。

8. 退货处理区

退货作业是指仓库按订单或合同将货物发出后，由于某种原因，客户将商品退回仓库而引发的物流作业活动的总称。退货作业内容本身较为复杂，而且作业负荷较重，尤其以退货商品的检验，退货数量查核等最耗费作业时间及人力。而一般仓库的退货作业处理，依公司的经营理念的不同而有不同的退货作业处理。以具有退货修补功能的公司而言，一般除退货品验收，退货数量查核外，须将可用商品再入库，可修补的商品送往流通加工区处理，不可用的商品予以报废，并且统计各项送修、报废数量，以供检查库存、出货流通加工以及配送过程的缺失。

9. **废弃物处理区**

废弃物处理区是对废弃包装物（塑料带、纸箱等）、破碎货物、变质货物、加工残屑等废料进行清理或回收利用的地方。

10. **物流设备储存与作业区**

物流设备储存与作业区是存放堆高机、托盘等设备及其维修工具（充电、充气、紧固等）的地方。

六、作业区基础资料分析

1. **作业区物品特性分析的内容**

物品特性是货物分类的重要考虑因素，如根据物品存储环境特性将存储保管区分为干货区、冷冻区及冷藏区；按货物质（重）量特性可分为重物区、轻物区；按货物价值特性可分为贵重物品区和一般物品区等。因此配送中心规划时首先需要对货物进行物品特性分析，以划分不同的存储和作业区域。

2. **作业区储运单位分析的内容**

储运单位是指物流搬运时的物流单位，它对实际的物流作业效率会产生深刻的影响。所以在进行订单品项与数量分析时，结合订单出货资料与物品包装储运单位，即可将订单资料以 PCB 的单位加以分类统计，根据出货单位类型加以分解统计，以正确计算各区实际的需求，使仓储与拣货区得到适当的规划。

3. **订单变动趋势分析的内容**

根据诸如发货资料和用户销售等一些情况，采用科学的分析方法，如时间数列分析法，回归分析法和统计分析法等，求出订单变化趋势或周期性变化，有利于后续资料的分析。

根据预测不同种类的变化趋势，制定相应的对策和目标。通常设峰值的 80％为目标值，若某订单的峰值与谷值之比超过 3 倍时，要在同一物流系统内处理，将使效率降低，运营成本增加。此时，必须制定适宜的运营策略和方法，以取得经济效益和运营规模的平衡。

对于分析过程的时间单位，视资料收集范围及广度而定。对于未来发展趋势，以一年为单位；对季节变化预测，则以月为单位；分析月或周内的变化倾向，则以周或日为单位。

4. 订单、品项、数量（EIQ）分析的方法

对配送中心来说，其区域规划、运作流程、设备、设施布置等都和订单有直接关系，掌握了订单就能了解配送中心的重要特征。

在对订单品项和数量分析时可以采用日本铃木震先生倡导的 EIQ 规划法进行设计分析。所谓 EIQ 即是物流特征的关键因素的订单（Entry）、品项（Item）和数量（Quantity）。EIQ 规划是根据配送中心的目的，掌握物流特征，从物流特征判断出配送中心的物流状态、运作方式，从而规划出配送中心的总体框架结构。

在进行订单品项数量分析时考虑时间范围和单位。在以每天为单位的分析数据中，主要订单发货资料可分解为表 3—2 的格式。在资料分析时必须注意统一数量单位，同时，应把所有订单品项的发货量转换成相同的计算单位。如常用的计算单位有质（重）量、体积、箱、个或金额单位。金额单位和价值功能分析有关，多用在货品和储区分类等方面。质（重）量、体积等单位与配送中心物流作业有直接关系，将影响整个系统的规划设计。

表 3—2　　EIQ 资料分解格式　　（天）

发货订单	发货品项						订单发货数量	订单发货品项
	I_1	I_2	I_3	I_4	I_5	…		
E_1	Q_{11}	Q_{12}	Q_{13}	Q_{14}	Q_{15}	—	Q_1	N_1
E_2	Q_{21}	Q_{22}	Q_{23}	Q_{24}	Q_{25}	—	Q_2	N_2
E_3	Q_{31}	Q_{32}	Q_{33}	Q_{34}	Q_{35}	—	Q_3	N_3
…	—	—	—	—	—	—	—	—
单品发货量	$Q_{\cdot 1}$	$Q_{\cdot 2}$	$Q_{\cdot 3}$	$Q_{\cdot 4}$	$Q_{\cdot 5}$	—	$Q_{\cdot\cdot}$	N
单品发货次数	K_1	K_2	K_3	K_4	K_5	—	…	K

要真正掌握配送中心实际运作的物流特征，只就一天的资料分析是不够的，但若分析一年的资料，往往因资料数量庞大，分析过程太费财力和物力。实际操作中可采取抽样的方法对配送中心的物流特征进行分析，这样既可节省许多财力、物力，又有代表性。

1）订单量（EQ）分析。通过对订单量的分析可以了解单张订单的订购量分布情况，从而可以决定处理订单的原则，拣货系统的规划，发货方式和发货区的规划。对订单量的分析一般采取对营业日的分析为主，表 3—3 为 EQ 分析的统计规则及相应的规划要点。

当订单量分布趋势越明显时，分区规划越容易。否则应以柔性较强的设计为主。订单量很小的订单数所占比例大于 50%时，应把订单另外分类，以提高效率。

2）品项数量（IQ）分析。通过 IQ 分析，可以知道各种商品发货量的分布情况，有利于分析商品的重要性和运输情况。同时应用于仓储系统的规划选用，储位空间的估算，拣货方式及拣货区规划。在设计储区时多采用时间周期为一年的 IQ 分析为主。表 3—4 为

表 3—3　　EQ 统计规则及规划要点

EQ 统计规则	订单量分布趋两极化	大部分订单量相近，仅少部分有特大量或特小量	订单量分布呈渐减趋势，无特别集中于某些订单或范围	订单量集中于特定数量而无连续性渐减，可能为整数（箱）发货，或为大件、少量发货
规划要点	规划时可采用 ABC 分类，少数而量大的订单可作重点管理，相关拣货设备的使用亦可分级	可以对主要量分布范围进行规划，少数差异较大者可以特例处理，但必须规范特例处理模式	系统较难规划，宜规划通用的设备，以增加运用的弹性，货位也以易调为宜	可以较大单元负载单位规划，而不考虑零星发货

表 3—4　　IQ 统计规则及规划要点

IQ 统计规则	订单量分布趋两极化	大部分订单量相近，仅少部分有特大量或特小量	订单量分布呈渐减趋势，无特别集中于某些订单或范围	订单量集中于特定数量而无连续性渐减，可能为整数（箱）发货，或为大件、少量发货
规划要点	规划时可将商品分类按储区储存，各类商品储存单位、存货水平可设定为不同的水平	可以采取同一规格的储存系统及定位储存系统，少数差异较大者可以特例处理	系统较难规划，宜规划通用的设备，以增加运用的弹性，货位也以易调为宜	可以较大单元负载单位规划，或重量型储存设备规划，但仍须配合商品特性加以考虑

IQ 分析的统计规则及相应的规划要点。

5. 作业区关联关系分析的内容

作业区关联关系分析的主要对象是人在各作业区间往返接触的密切程度，文件在各作业区间传递的频度，各作业区管理组织的关系，以及考虑环境因素和安全因素而导致某些作业区不宜靠近、必须远离某些地区等。

作业区关联关系是对配送中心作业过程中各作业区之间的物品移动强度和数量进行分析。通常通过绘制物流从至表等手段，对配送中心作业区的物流量进行分析。

6. 物流从至表的内容

所谓物流从至表就是加工的产品从一个工序（设备）运至另一个工序（设备）搬运量的汇总表。它是按工序数（n）作一个 $n \times n$ 矩阵，表中竖列为起始的工序，横行为终至的工序；对角线的右上方，表示工艺路线图中按箭头方向前进的搬运量，对角线的左下方表示按箭头方向后退的搬运量。

表 3—5 列举了一个只有三个工序的物流从至表。

表 3—5　　物流从至表

从＼至	(1)	(2)	(3)	合计
(1)		*	*	
(2)	*		*	
(3)	*	*		
合计				

7. 配送作业区域的布置

（1）决定配送中心对外的联外道路形式。确定配送中心联外道路、进出口方位及厂区配置形式。

（2）决定配送中心厂房空间范围、大小及长宽比例。

（3）决定配送中心内由进货到出货的主要物流路线形式。决定其物流模式，如 U 形、双排形等。

（4）按物流相关表和物流路线配置各区域位置。首先将面积较大且长宽比例不易变动的区域先置入建筑平面内，如自动仓库、分类输送机等作业区；再按物流相关表中物流相关强度的大小安排其他区域的布置。

七、配送岗位职能

1. 进货管理岗位的职能

负责采购、进货、货物验收等作业环节的安排及相应的事宜。

2. 储存管理岗位的职能

负责货物的保管、拣取、养护等作业与管理。

3. 加工管理岗位的职能

负责按客户要求对货物进行加工、包装等作业与管理。

4. 配货岗位的职能

负责按照客户要求或方便运输的要求对出库货物的拣选和组配作业与管理。

5. 运输岗位的职能

负责按客户要求制定合理的运输方案、送货，同时对完成配送进行确认。

6. 营业组/客户服务岗位的职能

负责接收和传递客户的订货、送达的信息，处理客户投诉、受理客户退货的请求。

第 3 节　出货作业管理

学习目标

➢理解出库的要求与形式

➢掌握并且能够进行出库作业基本流程的操作

➢能够制定出配送的最优方案

一、配货作业管理

1. 配货作业

(1) 配货作业流程。配货作业是指把拣取分类完成的货品，经过配货检查过程后，装入容器并做好标记，再运到配货准备区，待装货后发送，其作业流程如图 3—10 所示。

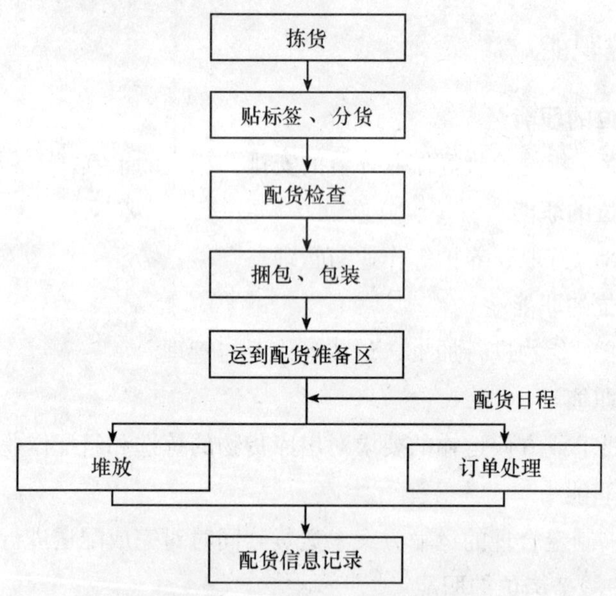

图 3—10　配货作业的基本流程

(2) 单一拣取配货作业。由于单一拣取通常每次拣取只为一个客户服务，因此配货作业的主要内容是对货物进行一些包装作业，以保护货物并方便发运。一般来讲，如果整托盘拣取的货物允许整托盘发运，那么需要进行固定作业，也就是用包装膜或绳索将货物固定在托盘上；如果整托盘拣取的货物不采取托盘运输，那么需要将货物先从托盘上卸下，然后对其进行捆装；对于整箱拣取的货物一般需要进行捆包作业；单件拣取的货物则进行装箱作业，以免货物丢失或损坏。

（3）批量拣取配货作业。批量拣取由于每次拣取的货物是为多个客户服务的，所以其配货作业通常比单一拣取多一个拆箱、分类的程序，其余与单一拣取大致相同。

2. 配货检查

（1）配货检查作业的内容。配货检查作业是指根据用户信息和车次，对配送物品进行商品号码和数量的核实，以及对产品状态、品质的检查。配货检查员的工作是进一步确认拣货作业是否有误。配货检查最原始的方法是纯人工进行，即将货品一个个点数并逐一核对出库单，进而查验配货的品质及状态情况。就配货状态及品质检验而言，纯人工方式逐项或抽样检查确有其必要性，但对于货物号码及数量核对来说，效率太低且存在差错。

（2）配货检查作业的方法。目前在数量及号码检查的方式上有许多的改进，常用的方法有商品条码检查法、声音输入法和质（重）量计算检查法。

3. 配货包装

配货包装是配货作业中一项重要的工作，它起到保护商品，便于搬运、储存、提高用户购买的欲望以及易于辨认的作用。

（1）配货包装的类型

1）个装。个装又称商业包装，指货品的个别包装，是货品的重要组成部分。个装有利于提高商品的价值、美观度，同时还可以保护商品。

2）内装。内装又称中包装，是为了防止水、湿气、光、热、冲击等对商品质量的影响，为了携带方便而进行的货物内层包装。

3）外装。外装又称为运输包装。外装是指货物包装的外层，即把货物装入箱、袋、木桶、金属桶和罐等容器中。在没有容器的条件下，应对货物进行捆绑和做记号等工作。外装容器的规格是影响物流效率的重要因素，它要求尺寸与托盘、搬运设备相适应，同时要求具有承重、耐冲击和抗压等能力。

（2）配货包装的要求。运输货物的内装和外装，通常不求装潢美观，只求坚固耐用且便于装卸，以免货物经长距离辗转运输而遭受损失。因此，配货包装应考虑以下问题：

1）包装的适当化。即避免包装不足或包装过剩。

2）包装的可靠性。即包装材料、技术、强度的可靠性。

3）环境保护问题。即包装废弃物对环境造成污染的处理问题。

4）包装资源问题。即包装回收的再生利用问题。

（3）配货包装的标识。配货包装外部常有印刷、粘贴或书写的标识，是判别配送货品特征、组织物流作业和维护商品质量的依据。配货包装的标识常有标记和标志两大类。

1）标记。标记是根据包装内货品的特征和货品收发事项，在外包装上用文字和阿拉伯数字标明的规定记号。主要包括货品的品名、型号、计量单位、数量、质（重）量、体积、收发货地点和单位等。

2）标志。标志是用图和文字来指明包装内货品的性质，以及在装卸搬运、储存、运输、堆码、理货等物流作业时注意事项的规定记号，它包括了指示性和危险性标志两大类。

①指示性标志。又称储存图示标志，表示在物流作业中应注意的事项。如怕热、怕湿、易碎、请勿倒置、重心点、由此开启、由此吊起等。

②危险性标志。又称危险货物标志，表示包装内货品的物理、化学性质及危险程度。如爆炸品、有毒品、自燃物品、易燃物品、腐蚀性物品、放射性物品等。

4. 配装

（1）配装的基本要求

1）货物之间、货物与车辆之间应留有空隙并适当衬垫，防止运输途中的货损。

2）不同包装的货物应分开装载，重不压轻、大不压小，方便客户卸货和验收。

3）具有尖角或凸出部位的货物应和其他货物分开装载或隔离，以免发生损伤。

4）多用户配送的货物，外观相近、容易混淆的货物应分开装载，以减少或避免差错。

5）切勿将有异味的货物与具吸收异味性的食品混装。

6）尽量不将散发灰尘的货物与清洁货物、渗水货物与易受潮货物混装。

7）易滚动的卷状、桶状货物要垂直摆放。

8）装载单位尽量标准化，尽量做到后送先装，并附客户名称、卸货顺序等标识卡。

9）装载完毕应采取稳固措施，以防开门卸货时货物倾倒造成货损和人身伤害。

（2）配装作业流程

1）划分基本配送区域。

2）车辆配载。

3）暂定配送先后顺序。

4）车辆安排。

5）选择配送路线。

6）确定最终配送顺序。

7）完成车辆积载。

二、送货作业管理

1. 送货作业

（1）送货作业的含义。送货作业是指利用配送车辆把用户订购的物品从制造厂、生产基地、批发商、经销商或配送中心送到用户手中的过程。

送货通常是一种短距离、小批量、高频率的运输形式。它以服务为目标，以尽可能满足客户需求为宗旨。从日本配送运输的实践来看，配送的有效距离最好在 50 千米半径以内；国内配送中心、物流中心，其配送经济里程大约在 30 千米以内。

送货是运输中的末端运输、支线运输，因此，如何集中车辆调度，组合最佳路线，采取巡回送货方式，是配送活动中送货组织需要解决的主要问题。

（2）送货作业的特点

1）时效性。时效性是流通业客户最重视的因素，也就是要确保能在指定的时间内交货。送货是从客户订货至交货各阶段中的最后一个环节，也是最容易引起时间延误的环节。影响时效性的因素有很多，除配送车辆故障外，所选择的配送线路不当，中途客户卸货不及时等均会造成时间上的延误。因此，必须在认真分析各种因素的前提下，用系统化的思想和原则，有效协调，综合管理，选择合理的配送线路、配送车辆和送货人员，使每位客户在预定的时间收到所订购的货物。

2）可靠性。送货的任务就是要将货物完好无损地送到目的地。影响可靠性的因素有货物的装卸作业、运送过程中的机械振动和冲击及其他意外事故、客户地点及作业环境、送货人员的素质等。因此，在配送管理中必须注意可靠性的原则。

3）沟通性。送货作业是配送的末端服务，它通过送货上门服务直接与客户接触，是与客户沟通最直接的环节，它不仅代表着公司的形象和信誉，还在沟通中起着非常重要的作用。所以，必须充分利用与客户沟通的机会，巩固与发展公司的信誉，为客户提供更加优质的服务。

4）便利性。配送以服务为目标，以最大限度满足客户要求为宗旨。因此，应尽可能地让客户享受到便捷的服务。通过用高弹性的送货系统，如采用紧急送货、顺道送货与退货、辅助资源回收等方式，为客户提供真正意义上的便利服务。

5）经济性。实现一定的经济利益是企业运作的基本目标。因此，对合作双方来说，以较低的费用完成送货作业是企业建立“双赢”机制，加强合作的基础。所以不仅要满足客户的要求，提供高质量、及时方便的配送服务，还必须提高配送效率，加强成本管理与控制。

（3）基本送货区域的划分方法。为使整个配送有一个可循的基本依据，应首先将客户所在地的具体位置作一系统统计，并将其作业区域进行整体划分，将每一客户囊括在不同的基本配送区域之中，以作为下一步决策的基本参考。如，按行政区域或依交通条件划分不同的配送区域，在这一区域划分的基础上再作弹性调整来安排配送。

2. 送货顺序与车辆管理

（1）送货先后顺序的确定。在考虑其他影响因素，做出最终送货方案前，应先根据用户订单的送货时间将送货的先后次序进行大致预定，为后面车辆配载做好准备工作。预先确定基本送货顺序可以有效地保证送货时间，提高运作效率。

（2）车辆积载方法。积载是指对货物在运输工具上的配置与堆装方式作出合理安排，即在配载的基础上根据装货清单确定货物在各货仓、隔层仓或车辆配装的品种、数量及堆码位置及正确的堆装工艺。积载的结果是编制计划积载图。

提高车辆装载效率的具体方法有：

1）研究各类车厢的装载标准，根据不同货物和不同包装体积要求，合理安排装载顺序，努力提高装载技术和操作水平，力求装足车辆核定吨位。

2）根据客户所需要的货物品种和数量，调派适宜的车型承运，这就要求配送中心根据经营商品的特性，配备合适的车型结构。

3）凡是可以拼装运输的，尽可能拼装运输，但要注意防止差错。

（3）车辆安排要解决的问题。车辆安排要解决的问题是安排什么类型、多大吨位的配送车辆进行最后的送货。必须事先掌握有哪些车辆可供调派并符合要求，即这些车辆的容量和额定载质（重）量是否满足要求；安排车辆之前。还必须分析订单上的货物信息，如体积、质（重）量、数量、对装卸的特殊要求等，综合考虑多方面因素的影响后，再做出最合理的车辆安排。

3. 配送运输

配送运输是指将货物通过运输工具从供应点送至顾客手中的活动。其间可能是从生产工厂的仓库直接送至客户，也可能通过批发商、经销商或由配送中心、物流中心转送至客户手中。配送运输通常是一种短距离、小批量、高频率的运输形式。如果单从运输的角度看，它是对干线运输的一种补充和完善，属于末端运输、支线运输。配送运输以服务为目标，以尽可能满足客户要求为先。

（1）影响配送运输的因素。影响配送运输效果的因素很多。动态因素，如车流辆变化、道路施工、配送客户的变动、可供调动的车辆变动等；静态因素，如配送客户的分布区域、道路交通网络、车辆运行限制等。各种因素互相影响，很容易造成送货不及时、配送路径选择不当、贻误交货时间等问题。因此，对配送运输的有效管理极为重要，否则不仅影响配送效率和信誉，而且将直接导致配送成本的上升。

（2）配送运输的方式。现代运输方式有铁路运输、公路运输、水上运输、航空运输和管道运输等。

三、货运过程管理

1. 运行中的车辆状态信息

运用GPS跟踪、定位与监控系统对运行车辆的实际位置以及运行状态进行实时跟踪，指挥中心通过检测区域内车辆的运行状况对被监控车辆进行合理调度。

尽管车辆应根据配送计划所确定的最优路线进行运送，但是影响货物运送效率与配送服务质量的因素有很多，如在货物的运送过程中，往往会出现因临时的交通状况发生变化、天气变化、行车人员在外不按指令行车或在驾驶过程中突发安全事故等难以直接控制或不可控因素的影响而导致货物运送不能如期到达等情况，从而使运输成本上升，最终影响配送服务质量与配送效益。因此在货物运输管理中必须加强行驶作业记录管理和行车人员的考核和管理。

2. 运行中的货物状态信息

运用货物跟踪系统对货物运行安全和货物运行是否准时进行跟踪。货物跟踪系统是指物流运输企业利用物流条形码和EDI技术及时获取有关货物运输状态的信息（如货物品种、数量、货物在途情况、交货期间、发货地和到达地、货物的货主、送货责任车辆和人员等），提高物流运输服务的方法。具体说就是物流运输企业的工作人员在向货主取货时、在物流中心重新集装运输时、在向客户配送交货时，利用扫描仪自动读取货物包装或者货物发票上的物流条形码等货物信息，通过公共通信线路、专用通信线路或卫星通信线路把货物的信息传送到总部的中心计算机进行汇总整理，这样所有被运送的货物的信息都集中在中心计算机里。

3. 货物与单证手续交接

当货物送达要货地点后，送货人员应协助收货单位将货物卸车并放到指定位置，然后与收货人员一起清点货物，做好货物确认交接工作（送货签收回单）。如果有退货、调货的要求，则应将退调商品随车带回，并完成有关单证手续。

四、确定配送路线方案的方法

1. 最短路径法的目标与约束条件

（1）配送路线选择的目标。目标的选择是根据配送的具体要求、配送中心的实力及客观条件来决定的。由于目标有多个，因此可以有多种选择方法：

1）以效益最高为目标的选择，就是指计算时以利润的数值最大为目标值。

2）以成本最低为目标的选择，实际上也是选择了以效益为目标。

3）以路程最短为目标。当成本与路程相关性较强时，多以此为目标。

4）以吨公里最小为目标的选择。在“节约里程法”的计算中，采用这个目标。

5）以准确性最高为目标的选择，它是配送中心重要的服务指标。

其他还有以运力利用最合理、劳动消耗最低等为目标。

（2）配送路线选择的约束条件

1）满足所有收货人对货物品种、规格、数量的要求。

2）满足收货人对货物发到时间范围的要求。

3）在允许通行的时间内进行配送。

4）各配送路线的货物量不超过车辆容积和载重量的限制。

5）在配送中心现有运力允许的范围内。

2. 解决最短路线问题的方法

（1）图上作业法

1）图上作业法原理。图上作业法是将配送业务量反映在交通图上，通过对交通图初始调运方案的调整，求出最优配送车辆运行调度方法。运用这种方法时，要求交通图上没有货物对流现象，以运行路线最短、运费最低或行程利用率最高为优化目标。

2）基本步骤

①绘制交通图。根据客户所需货物汇总情况、交通线路、配送点与客户点的布局，绘制出交通示意图。

例：设有 A_1、A_2、A_3 三个配送点分别有化肥 40 吨、30 吨、30 吨，需送往四个客户点 B_1、B_2、B_3、B_4，而且已知各配送点和客户点的地理位置及它们之间的道路通阻情况，可据此制出相应的交通图，如图 3—11 所示。

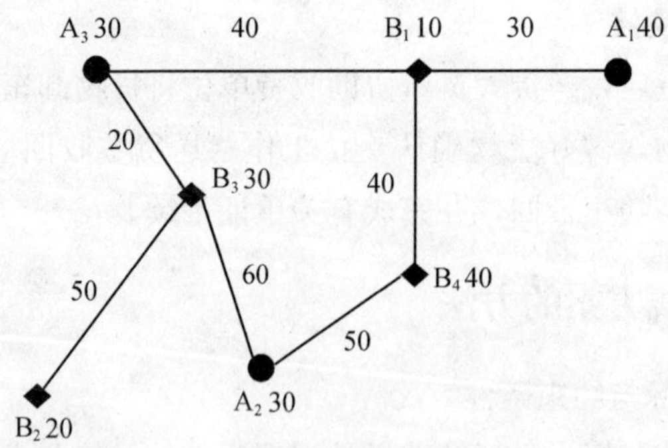

图 3—11　运距运量交通图

②将初始调运方案反映在交通图上。任何一张交通图上的线路分布形态无非为成圈与不成圈两类。对于不成圈的，A_1，B_2的运输，可按“就近调运”的原则即可，很容易得出调运方案。其中（$A_1 \rightarrow B_4$ 70 千米）＜（$A_3 \rightarrow B_4$ 80 千米），（$A_3 \rightarrow B_2$ 70 千米）＜（$A_2 \rightarrow B_2$ 110 千米），先假定（$A_1 \rightarrow B_4$），（$A_3 \rightarrow B_2$）运输。对于成圈的，A_2、A_3、B_1、B_4所组成的圈，可采用破圈法处理，即先假定某两点（A_2与B_4）不通（即破圈，如图 3—12 所示），再对货物就近调运，（$A_2 \rightarrow B_3$）（$A_1 \rightarrow B_4$），数量不够的再从第二点调运，即可得出初始调运方案，如图 3—12 所示。在绘制初始方案交通图时，凡是按顺时针方向调运的货物调运线路（如 A_3 至 B_1、B_1 至 B_4、A_2 至 B_3），其调运箭头线都画在圈外，称为外圈；否则，其调运箭头线（A_3 至 B_3）都画在圈内，称为内圈，或者两种箭头相反方向标注也可。

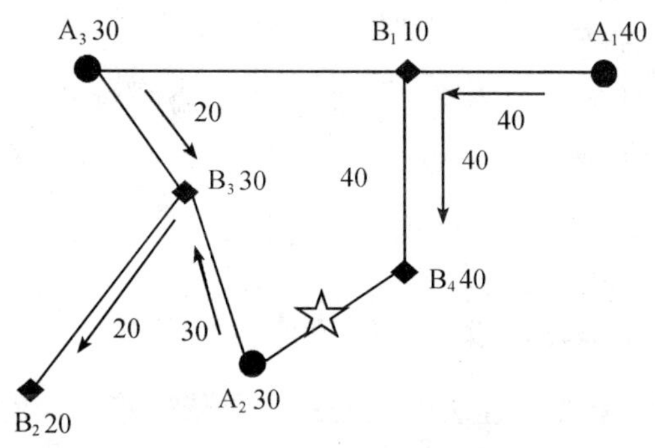

图 3—12　$A_2 \rightarrow B_4$ 破圈调运图

③检查与调整。面对交通图上的初始调运方案，首先分别计算线路的全圈长、内圈长和外圈长（圈长即指里程数），如果内圈长和外圈长都分别小于全圈长的一半，则该方案即为最优方案；否则，即为非最优方案，需要对其进行调整。如图 3—12 所示，全圈长（$A_2 \rightarrow A_3 \rightarrow B_1 \rightarrow A_2$）为 210 千米，外圈（$A_3 \rightarrow B_1$ 40 千米、$B_1 \rightarrow B_4$ 40 千米、$A_2 \rightarrow B_3$ 60 千米）长为 140 千米，大于全圈长的一半，显然，需要缩短外圈长度。调整的方法是在外圈（若内圈大于全圈长的一半，则在内圈）上先假定运量最小的线路两端点（A_3 与 B_1）之间不通，再对货物就近调运，可得到调整方案如图 3—13 所示。然后，再检查调整方案的内圈长与外圈长是否都分别小于全圈长的一半。如此反复至得出最优调运方案为止。图 3—13，计算可得内圈长为 70 千米（$A_3 \rightarrow B_3$ 20 千米，$A_2 \rightarrow B_4$ 50 千米），外圈长为 100 千米（$A_3 \rightarrow B_3$ 60 千米，$B_1 \rightarrow B_4$ 40 千米），均小于全圈长的小半，可见，该方案已为最优方案。

（2）表上作业法。表上作业法也称为运输单纯形法，是一种利用产销平衡运价表找出最佳方案的方法，它主要的计算过程为：

1）求初始基可行解（即初始调运方案）。常用的方法有最小元素法、元素差额法

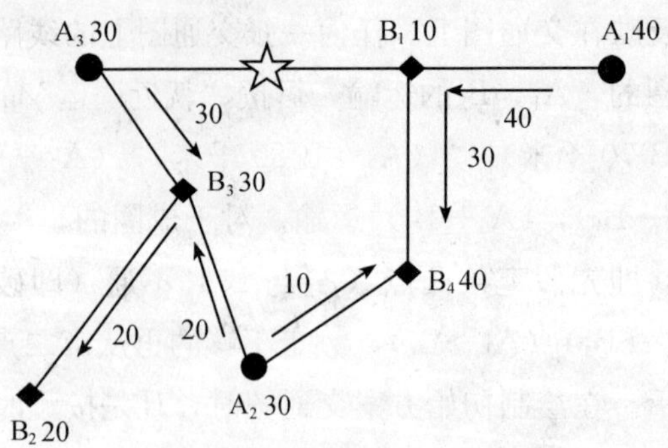

图 3—13　$A_3 \to B_1$ 破圈调运图

（Vogel 近似法）、左上角法等。

2）求检验数并判断是否得到最优解。常用于求检验数的方法有闭回路法和位势法。如果已是最优解，则停止计算，否则转到第三步。

3）调整运量，即换基。选一个变量进基，再选一个变量出基，利用闭回路法对原运量在表上进行调整得到新的基可行解，然后转入第二步。

（3）节约里程法

1）节约里程法原理。节约里程法的核心思想是依次将运输问题中的两个回路合并为一个回路，使每次合并后的总运输距离减少的幅度最大，直到达到一辆车的转载限制时，再进行下一辆车的优化。

节约法的原理是应用了三角形一边之长必定小于另外两边之和，如图 3—14 所示。

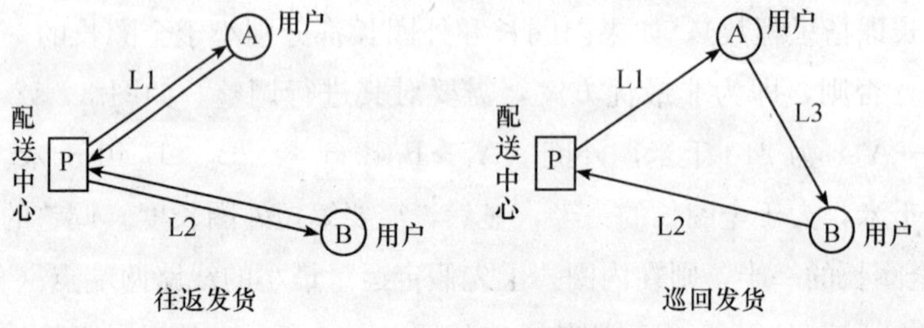

图 3—14　节约法原理展示

在汽车载重量允许的情况下，采用巡回发货比采用往返发货可节约汽车走行里程为：△L＝L1＋L2－L3

2）节约里程法的基本设定。利用节约里程法确定配送路线的主要出发点是：根据配送方的运输能力及其到客户之间的距离和各客户之间的相对距离来制定使配送车辆总的周转量达到或接近最小的配送方案。

假设条件：

①配送的是同一种或相类似的货物。

②各用户的位置及需求量已知。

③配送方有足够的运输能力。

④设状态参数为 t_{ij}，t_{ij} 是这样定义的：

$t_{ij}=1$，表示客户 i、j 在同一送货路线上；$t_{ij}=0$，表示客户 i、j 不在同一送货线路上 $t_{ij}=2$，表示由送货点 p_0 向客户 j 单独派车送货。

且所有状态参数应满足下式：$\sum_{i=1}^{j-1} t_{ij} + \sum_{i=j+1}^{N} t_{ij} = 2\ (j=1,\ 2,\ \cdots\cdots N)$

式中　N——客户数

利用节约里程法制定出的配送方案除了使总的周转量最小外，还应满足：方案能满足所有客户的到货时间要求；不使车辆超载；每辆车每天的总运行时间及里程满足规定的要求。

（4）位势法。简单地说，位势法就是通过与基变量的对应的单位运价把各行、各列对应的位势（可以先设成未知数）求出来，再利用它求出非基变量检验数的一种方法，这种方法的合理性来自于线性规划的对偶理论。

3. 初始调运方案

（1）初始调运方案的编制

【例 3—1】某公司下属四个储存某种物资的料库，供应五个工地的需要。四个物料库的供应量和五个工地的需求量以及由各料库到各工地调运单位物资的运价见表 3—6。

表 3—6　　各料库到各工地的运价　　单位：千元/吨

工地料库	A	B	C	D	E	供应量（t）
甲	3	2	3	5	3	100
乙	3	3	1	3	4	300
丙	7	8	4	2	2	600
丁	5	4	7	7	8	800
需求量（t）	250	300	350	400	500	

则利用表上作业法得出初始方案见表 3—7。

（2）初始调运方案的检验与调整。在制定了初始调运方案之后，需要对它进行检验，如果判定初始调运方案不是最优方案，需要对其调整直到获得最优方案。在本例中，可得到最优方案（见表 3—8）。

表 3—7　　初始方案　　单位：千元/吨

工地料库	A	B	C	D	E	供应量（t）
甲		50	50			100
乙			300			300
丙				400	200	600
丁	250	250			300	800
需求量（t）	250	300	350	400	500	

表 3—8　　调整后调运方案　　单位：千元/吨

工地料库	A	B	C	D	E	供应量（t）
甲			50		50	100
乙			300			300
丙				200	400	600
丁	250	300		200	50	800
需求量（t）	250	300	350	400	500	

五、配送合理化的实施

1. 配送合理化概述

（1）配送合理化的判断标志。对于配送合理化与否的判断，是配送决策系统的重要内容，目前国内外尚无一定的技术经济指标体系和判断方法，按一般认识，以下若干标志是应当纳入考虑的：

1）库存标志。库存是判断配送合理与否的重要标志。具体指标有以下两方面：

①库存总量。在一个配送系统中，库存是从本应分散于各个用户转移给配送中心施行一定程度的集中的物资。在实行配送后，配送中心库存数量加上各用户在实行配送后库存数量之和应低于实行配送前各用户库存量之和。

②库存周转。由于配送企业的调剂作用，以低库存保持高的供应能力。库存周转一般总是快于原来各企业库存周转。此外，从各个用户角度进行判断，各用户在实行配送前后的库存周转比较，也是判断合理与否的标志。

2）资金标志。总的来讲，实行配送应有利于资金占用降低及资金运用的科学化。具体判断标志如下：

①资金总量。用于资源筹措所占用流动资金总量，随储备总量的下降及供应方式的改变必然有一个较大的降低。

②资金周转。从资金运用来讲，由于整个节奏加快、资金充分发挥作用，同样数量资

金，过去需要较长时期才能满足一定供应要求，配送之后，在较短时期内就能达此目的。所以资金周转是否加快，是衡量配送合理与否的标志。

③资金投向的改变。资金分散投入还是集中投入，是资金调控能力的重要反映。实行配送后，资金必然应当从分散投入改为集中投入，以便增加调控作用。

3）成本和效益。总效益、宏观效益、微观效益、资源筹措成本都是判断配送合理化的重要标志。对于不同的配送方式，可以有不同的判断侧重点。例如，配送企业、用户都是各自独立的以利润为中心的企业，不但要看配送的总效益，而且还要看对社会的宏观效益及两个企业的微观效益，不顾及任何一方，都必然出现不合理。又例如，如果配送是由用户自己组织的，配送主要强调保证能力和服务性，那么，效益主要从总效益、宏观效益和用户企业的微观效益来判断，不必过多顾及配送企业的微观效益。

由于总效益及宏观效益难以计量，在实际判断时，常以按国家政策进行经营，完成国家税收及配送企业及用户的微观效益来判断。对于配送企业而言（在满足用户要求，即投入确定了的情况下），企业利润反映配送合理化程度；对于用户企业而言，在保证供应水平或提高供应水平（产出一定）前提下，供应成本的降低，反映了配送的合理化程度。

4）供应保障标志。实行配送，各用户的最大担心是害怕供应保障程度降低，这并不简单是个心态问题，更是可能要承担风险的实际问题。配送的重要一点是必须提高而不是降低对用户的供应保障能力，才算合理。供应保障能力可以从以下方面判断：

①缺货次数。实行配送后，必须下降才算合理。

②配送企业集中库存量。对每一个用户来讲，其数量所形成的保障供应能力高于配送前单个企业保障程度。

③即时配送的能力及速度。即时配送的能力及速度是用户出现特殊情况的特殊供应保障方式，这一能力必须高于未实行配送前用户紧急进货能力及速度才算合理。

特别需要强调一点，配送企业的供应保障能力，是一个科学的合理的概念，而不是无限的概念。具体来讲，如果供应保障能力过高，超过了实际的需要，属于不合理。所以追求供应保障能力的合理化也是有限度的。

5）社会运力节约标志。末端运输是目前运能、运力使用不合理，浪费较大的领域，因而人们寄希望于配送来解决这个问题。这也成了配送合理化的重要标志。

运力使用的合理化是依靠送货运力的规划和整个配送系统的合理流程及与社会运输系统合理衔接实现的。送货运力的规划是任何配送中心都需要花力气解决的问题，可以简化判断如下：社会车辆总数减少，而承运量增加；社会车辆空驶减少；一家一户自营运输减少，社会化运输增加。

6）用户企业仓库、供应、进货人力物力节约标志。配送的重要作用是以配送代替用户的仓储。因此，实行配送后，各用户库存量、仓库面积、仓库管理人员减少为合理；用于订货、接货、供应的人减少才为合理。真正解除了用户的后顾之忧，配送的合理化程度则可以说是一个高水平了。

7）物流合理化标志。配送必须有利于物流合理。这可以从以下几方面判断：是否降低了物流费用，是否减少了物流损失，是否加快了物流速度，是否发挥了各种物流方式的最优效果，是否有效衔接了干线运输和末端运输，是否减少实际的物流中转次数，是否采用了先进的管理方法及技术手段。

物流合理化的问题是配送要解决的大问题，也是衡量配送本身的重要标志。

(2) 配送合理化的要求。我们所讲的物流合理化，包括：距离短，时间少，整合好，质量高，费用省，安全、准确、环保六个方面。

1）距离短。物流是物质资料的物理性移动。这种移动，即运输、保管、包装、装卸搬运、流通加工、配送等活动，最理想的目标是“零”。因为凡是“移动”都要产生距离，距离移动得越长，费用越大；距离移动得越短，费用越小，所以物流合理化的目标，首先是距离短。

拿运输来说，如果产品在产地消费，能大大节省运输成本，减少能源消耗；采取直达运输，尽量不中转，避免或减少交叉运输、空车返回，也能做到运距短；大、中城市间采取大批量运输方式，在城市外围建配送中心，由配送中心向各类用户进行配送，就能杜绝重复运输、缩短运距。现在一些发达国家进行“门到门”“线到线”“点到点”的送货，进一步缩小了运输距离，大幅度减少了运输上的浪费。距离短还包括装卸搬运距离短。货架、传送带和分拣机械等都是缩短装卸搬运距离的工具。

2）时间少。这里主要指的是产品从离开生产线至到达最终用户的时间，包括从原材料生产线到制造、加工生产线这段时间，也就是物品在途时间少。比如：运输时间少、保管时间少、装卸搬运时间少和包装时间少等。如果能尽量压缩保管时间，就能减少库存费用和占压资金，节约生产总成本；在装卸、搬运时间少方面，装卸搬运实现机械化、自动化作业后，不仅大大缩短时间、节约费用、提高效率，而且通过装卸、搬运环节的有效连接，还可激活整体物流过程。在包装环节，使用打包机作业比人工作业不知要快多少倍。现代物流手段之一的模块化包装和模拟仿真等，都为物流流程的效率化提供了有利条件。所以说，尽量缩短物流时间，是物流合理化的重要目标之一。

3）整合好。物流是一个整体性概念，是运输、保管、包装、装卸搬运、流通加工、配送以及信息的统一体，是这几个功能的有机组合。物流是一个系统，强调的是综合性、整合性。只有这样，才能发挥物流的作用，降低成本、提高效益。

4）质量高。质量高是物流合理化目标的核心。物流质量高的内容有：运输、保管、包装、装卸搬运、配送和信息各环节本身的质量要高，为客户服务的质量要高，物流管理的质量要高等。

就运输和保管质量来说，送货的数量不能有差错、地址不能有差错，中途不能出交通事故、不能走错路，保证按时到达。在库存保管方面，要及时入库、上架、登记，做到库存物品数量准确、货位确切，还应将库存各种数据及时传递给各有关部门，作为生产和销售的依据。库存数据和信息的质量要求也必须高标准。物流合理化目标的归结点就是为客户服务，客户是物流的服务对象，物流企业要按照用户要求的数量、时间、品种，安全、准确地将货物送到指定的地点。这是物流合理化的主体和实质。

物流质量高的另一个方面是物流管理质量。没有高水平的物流管理就没有高水平的物流，物流合理化的目标也就变成一句空话。

5）费用省。减少交叉运输和空车行驶以节约运输费用；通过利用计算机进行库存管理，充分发挥信息的功能，可以大幅度降低库存，加快仓库周转，避免货物积压以节省费用；采取机械化、自动化装卸搬运作业，既能大幅度削减作业人员，又能降低人工费用。这笔开支在国外企业中所占的比例很高，我国也将逐渐上升，这方面的费用节省的潜力很大。

6）安全、准确、环保。物流活动必须保证安全，物流过程中货物不能被盗、被抢、被冻、被晒、被雨淋，不能发生交通事故，确保货物准时、准地点、原封不动地送达。同时，诸如装卸、搬运、运输、保管、包装、流通加工等各环节作业，不能给周围带来影响，尽量减少废气、噪声、震动等公害，符合环境保护要求。

（3）配送合理化的措施

1）推行一定综合程度的专业化配送。通过采用专业设备、设施及操作程序，取得较好的配送效果并降低配送过分综合化的复杂程度及难度，从而追求配送合理化。

2）推行加工配送。通过加工和配送结合，充分利用本来应有的这次中转，而不增加新的中转求得配送合理化。同时，加工借助于配送，加工目的更明确，和用户联系更紧密，更避免了盲目性。这两者有机结合，投入不增加太多却可追求两个优势、两个效益，是配送合理化的重要经验。

3）推行共同配送。共同配送也称共享第三方物流服务，指多个客户联合起来共同由一个第三方物流服务公司来提供配送服务。它是在配送中心的统一计划、统一调度下展开的。通过共同配送可以以最近的路程、最低的配送成本完成配送，从而追求合理化。共同配送虽然具有很多优点，但是运作起来也很复杂，它不仅仅是将几家货物装到一个车上那样简单，还需要做很多技术上的工作。它需要第三方物流商提供更多的技术和管理系统来对由多个供应商所提供商品组成的订单进行优化从而形成整车运输。此外，实现共同配送的另一个前提条件就是第三方物流服务商要有同一行业的大量客户。以 Exel 为例，它之所以拥有很多机会进行运输整合，关键在于 Exel 的物流服务客户中有很多是同一行业的，这样便于共同配送的开展。此外，一些制造商担心将他们的商品与他们竞争对手的商品混在一起发送，这种现象在食品杂货商品的整合运输中特别常见，但是绝大多数货主通过大幅度成本降低的对比后就不以为然了。但对于某些货主来讲这个顾虑仍然存在，因此，在共同配送的合同中往往要标明客户的保密要求。

4）实行送取结合。配送企业与用户建立稳定、密切的协作关系，配送企业不仅成了用户的供应代理人，而且承担用户储存据点的作用，甚至成为产品代销人。在配送时，将用户所需物资送到，再将用户生产的产品用同一车运回，这种产品也成了配送中心的配送产品之一，或者作为代存代销，免去了生产企业库存包袱。这种送取结合，使运力充分利用，也使配送企业功能有更大的发挥，从而追求合理化。

5）推行准时配送系统。准时配送是配送合理化的重要内容。配送做到了准时，用户才可能放心地实施低库存或零库存，可以有效地安排接货的人力、物力，以追求高效率的工作。另外，保障供应能力也取决于准时供应。从国外的经验看，准时供应配送系统是现在许多配送企业追求配送合理化的重要手段。

6）推行即时配送。作为计划配送的应急手段，即时配送是最终解决用户企业担心断供之忧、大幅度提高供应保障能力的重要手段。即时配送是配送企业快速反应能力的具体化，是配送企业能力的体现。即时配送成本较高，但它是整个配送合理化的重要保障手段。此外，用户实行零库存，即时配送也是其重要保障手段。

2. 配送合理化实施

(1) 订发货作业合理化的做法。当今现代化配送中心在运作管理中，都比较注意通过网络将企业本部与各工厂、物流配送中心、最前端的店铺连接起来，从而使订货信息通过信息系统传输到物流配送中心；在准备发货的同时，同期进行自动制作发货票、账单等业务。另外，通过 EOS 系统实现产业内以及企业间的电子自动订货，真正使企业的经营活动与商流紧密联系在一起，推动配送中心合理化作业。

(2) 备货作业合理化的做法。现代物流配送中心通过利用信息系统节省人力资源，构筑高效的备货自动化系统。备货自动化中最普及的数码备货，即不使用人力，借助信息系统有效地进行备货作业活动。

(3) 分拣作业合理化的做法。如备货作业按照不同的配送客户在商品上贴附条码，分拣作业只要用扫描装置读取条码，便能自动按不同的配送场所进行分拣。多数的物流配送中心的分拣作业都尽可能地利用条码来提高效率。

六、配送设备配置

配送中心设备的配置方案应在配送中心的总体规划与设计时就已确定。在设备配置的环节主要是权衡各种设备的性能。因此充分掌握各设备制造商的技术特长，从各种技术观点综合评价后，选定最满意的、信赖性高的设备生产商是十分重要的。选择最合适的制造商，可以得到质量高、成本低的配送设备。

1. 配送设备配置的原则

（1）适应货物特性原则。配送中心内机械设备必须充分适应配送中心所处理的货物特性。

（2）满足客户需求原则。配送业务产生和发展的基础是向客户提供优质服务并满足其需要。

（3）标准化、系列化原则。配送机械设备标准化、系列化是降低成本及维修、运转费用的重要手段。

（4）适应配送业务原则。由于配送中心所处的地理位置、布局形式、仓库大小、货场大小、货源的多少以及配送组织的经济实力和管理水平的不同，各配送中心设备的配置要根据实际情况，突出核心配送业务机械设备，形成自己的特色。

（5）经济效益最大原则。要求设备具有较好的节能性、环保性。在保证上述性能的基础上，应充分进行计算，选择性价比优良的设备。

（6）设备分步配置原则

考虑到目前我国机械设备生产及配送业务的现状，在配置物流机械设备的过程中，适宜选择渐进式发展方式。

2. 配送设备配置的步骤

（1）根据配送中心的职能、发货量和收货量的大小、处理货物的特性以及确定的配送机械设备技术层次，选择每个作业区的主要机械设备，如接货区的起重机、叉车，储存区的货架、起重机、输送机、堆垛机等。

（2）用多目标（配送机械投资额最小、运营费用最低、作业生产率最高、应急保障能力最强）数学规划建模。

（3）根据实际情况确定模型中的参数，通过模型的求解，形成较好的配送机械配置方案。

（4）对配置方案进行技术经济分析，选出最佳方案，然后确定主要配送机械设备的具体规格和性能参数，并配套配备其他辅助机械设备与工具。

3. 配送设备配置的内容

（1）车种的选择。车辆的配置，多数企业（60%）是从“车辆制造商所提供的商品说明书同所要求的条件规格相近作为原则来选定”。“合乎其条件和规格作为原则的特殊订货”的企业占35%。

为了选择合乎使用条件的车种，首先要全面了解市场上车辆的基本情况和样式范围。一般配送中心用车多是小型汽车（2～3吨）和普通汽车（4～12吨）两种。在车种选定方面，考虑具体样式时，要特别重视必要的项目，例如车厢底板的尺寸、车厢底板的高度、载重量、发动机的性能（主要是功率）、车厢板的结构等其他重要部件。

（2）车辆台数的配置。通常由于每日配送量有变动，不能完全实行计划。因此，要根据配送量的多少安排好车辆。

拥有台数过少，配送量多时，难免出现车辆不足现象，要从别处租车。相反，拥有台数过多，配送量少时，会出现车辆闲置现象，造成浪费。所以，对配送中心来讲，应该配置多少台汽车是极为重要的决策。

（3）装卸搬运设备的配置。在配送中心中，如果货物的处理作业量大、品种显著增多，作业方面要求的速度化、小批量化、多频率化等就会被迫降低。这种情况，装卸搬运合理化越来越成为重要的问题。装卸搬运机械因涉及分拣、分类，所以在此先分析与货物装车有关的设备。在配送中心的物流设施中，小批量、多品种处理货物时，大多设计高站台；对于大批量、少品种作业时，大多采用低站台。不管是高站台还是低站台，保管货物搬运作业相关的几乎都是托盘装载，采用叉车装卸的方法。所以要求在叉车、托盘、集装箱、平板车等设备选定时将标准化、单元化、省力化及安全性、弹性等作为原则。

设计配送中心时，在选定设备前用IQ曲线进行ABC分析，把品种及发货量分为ABC三个区段。A区段是少品种、大批量发货的区段；B区段是品种和发货批量适中，也是使用比较多的种类；C区段是多品种、小批量发货的区段。如果是少品种、大批量时，使用托盘储存在立体仓库，作业机械选用叉车；品种、批量适中选用叉车及旋转货架；如果批量再少选用一般货架。

在多品种、小批量时代，货物的流程变得复杂了，增加了将货物按顾客不同、运输方向不同进行分类，所有流通领域中都有必要适应新变化。机械分类的代表是自动分类运输机，当然不限于自动分类运输机，例如：也有利用无轨道无人操作台车，有轨道无人操作台车，托盘等分类的方法，自动分类机的选定需要考虑的事项很多。

4. 物流设施标准化的内容

（1）基础标准。基础标准包括的内容包括物流设施设备的原则、主要术语、分类、图示标号等。

(2) 物流设施标准。包括运输车辆、储存设备、装卸搬运设备、工业包装设备、分拣设备、配套设备的标准化。

(3) 集装化器具。包括托盘标准、集装箱标准、周转箱标准和其他集装器具。

(4) 物流设备标准

1) 规范设备的尺寸，如货车车厢。

2) 性能要求，如冷藏车的制冷性能。

3) 稳定性试验，如叉车的稳定性等。